教科教育学 シリーズ

体育科教育

橋本美保 ＋ 田中智志

松田恵示 ＋ 鈴木秀人

刊行に寄せて

　教職課程の授業で用いられる教科書については、さまざま出版されていますが、教科教育にかんする教科書についていえば、単発的なものが多く、ひとまとまりのシリーズとして編まれたものはないように思います。教育実践にかんする一定の見識を共有しつつ、ゆるやかながらも、一定の方針のもとにまとまっている教科教育の教科書は、受講生にとっても、また授業を担当する教員にとっても、必要不可欠であると考えます。

　そこで、「新・教職課程シリーズ」の教職教養（全10巻）に続き、教科教育についても新たに教職課程用の教科書シリーズを刊行することにしました。この新しいシリーズは、教科ごとの特色を出しながらも、一定のまとまりがあり、さらに最新の成果・知見が盛り込まれた、今後の教科教育を先導する先進的で意義深い内容になっていると自負しています。

　本シリーズの方針の１つは、以下のような編集上の方針です。

　　〇教育職員免許法に定められた各「教科教育法」の授業で使用される内容であり、基本的に基礎基本編と応用活用編に分けること。
　　〇初等と中等の両方（小学校にない科目を除く）の指導法を含めること。
　　〇教科の指導法だけではなく、各教科に密接にかかわる諸科学の最新の成果・知見を盛り込んだ、最先端の内容構成であること。
　　〇本書を教科書として使用する受講生が、各自、自分なりの興味関心をもって読み進められるような、工夫を行うこと。
　　〇原則として、全15回という授業回数に合わせた章構成とすること。

　本シリーズのもう１つの方針は、教育学的な観点を有することです。教科教育の基本は学力形成ですが、どのような教科教育も、それが教育である限りその根幹にあるのは人間形成です。したがって、学力形成は人間形成と切り離されるべきではなく、学力形成と人間形成はともに支えあって

います。なるほど、科学的な能力と道徳的な力とは区別されるべきですが、科学的な能力と心情的な力とは本来、結びついているのです。人間形成は、道徳的な能力の育成に収斂することではなく、心情的な力、すなわち人として世界(自然・社会・他者)と健やかにかかわる力を身につけることです。たとえば、算数を学ぶこと、国語を学ぶことは、たんに初歩的な数学、初歩的な国語学・文学の知見を、自分の願望・欲望・意図を達成する手段として身につけることではなく、世界全体と人間が健やかにかかわりあうための知見として身につけることです。たとえていえば、健やかな人間形成は家の土台であり、学力形成は建物です。土台が脆弱だったり破損していては、どんなに素敵な建物も歪んだり危険であったりします。

　人間形成の核心である世界との健やかなかかわりは、私たちがこの世界から少しばかり離れることで、ほのかながら見えてきます。古代の人は、それを「絶対性」と呼んできました。絶対性は、ラテン語でabsolutus(アブソリュートゥス)、原義は「(この世俗世界)から離れる」です。あえて道徳的に考えなくても、世事の思惑や意図から自由になって自然や生命、人や文化に向き合うとき、私たちの前には、本当に大切なこと、すなわち人が世界とともに生きるという健やかなかかわりが見えてきます。

　本書の編集は、体育科教育の領域で活躍されている松田恵示先生、鈴木秀人先生にお願いいたしました。教職を志すみなさんが、本書を通じて、真に人間性豊かな、よりよい教育実践の学知的な礎を築かれることを心から願っています。

　　　　　　　　　　　　　監修者　橋本美保／田中智志

まえがき

　体育科（小学校）や保健体育科（中学校・高等学校）という教科は、子どもたちに人気のある時間である。運動やスポーツに夢中になって、校庭や体育館をかけまわるのが子どもたちにとってこの時間の真髄なのであろう。
　そもそも子どもたちには、子どもであるからこそのエネルギーが満ち溢れている。ちょっとしたことで笑ったり、泣いたり、怒ったり、ドキドキしたりなど、毎日毎日が起伏に富みすぎているのが、この頃の1つの特徴である。であるからこそ子どもたちは、自分の壁にぶつかったり、友だちに共感したり、自分の中に熱いエネルギーを蓄えたりして、すくすくと育っていく。その中でも、運動やスポーツに関わる時間は、最もキラキラと輝く時間の1つであろう。身体を使って遊ぶ、というこの営みは、子どもたちにとっても没入しやすく馴染みのある、大切な時間なのである。
　体育科や保健体育科は、子どもたちのこのような状況に連なって、他の教科にはない独特の個性をもった時間となっている。もちろん教科である以上、他の教科と共通した学習指導の考え方や具体的な指導方法もあるが、一方で、体育科や保健体育科に独特の学習指導の考え方や指導方法もある。このように、教科に共通の部分と、体育科・保健体育科に独特の部分の両面に配慮しつつ、先生として学習を指導する際に必要な知識や技術を知るとともに、そうした指導法の背景にある考え方に対して理解を深めることを目指してまとめられたのが本書である。
　体育科教育法のテキストが他にも多く出版されている中で、本書の特徴をあえて述べるとすれば、「体育は、人間と、文化としての運動やスポーツとの関わり方を学ぶ教科である」という目的の次元での理念と、「子どもの立場から学習指導について考える」という方法の次元での理念に貫徹されていることであろう。
　近年、学校教育をめぐっては、社会の大きな変化に応じさまざまな改革

が図られている。例えば、「21世紀型学力」や「キー・コンピテンシー」といった言葉に表されるように、活用できる関係的で固定化されない「編み上げられる知識や技能」や、主体性と協働性に重きが置かれた創造的な学習が大切にされようとしている。こうした動きはこれまでにも指摘されてきた教育課題であったが、これからの社会を生きる子どもたちの教育には、ますます重要性が高まっているということでもあろう。

体育ではすでに1970年代後半から、このような「学ぶ」ということの意味と学ぶ子どもの主体性を大切にした学習指導の考え方が積み重ねられてきた経緯がある。ただ、時代やその時々の社会の要請に沿って、そうした積み重ねの意味が矮小化されてしまったり、よく伝えられていなかったりといったことも起こっている。本書では、そのような体育における学習指導のあり方の積み重ねを改めて再評価しつつ、これからの社会に求められる体育科・保健体育科のあり方とそこでの学習指導のあり方について、特にこれから学校現場に出ていくことになる教員志望学生や若手の現場教員を念頭において、ともに考える材料を提供しようとしている。

各章では、ここまでに述べた理念を背景に、体育科や保健体育科の学習指導について考えること自体がおもしろい、と感じられるように工夫を凝らしている。もちろん、多くの執筆者によるテキストであるために、「扇の要」は1つにまとめられているものの、各章においてはより個性的に展開している部分も少なくはない。そうした考え方の広がりも、このテキストを手にとる読者の主体性の中で、自分なりの考えを築く際の手掛かりとしていただければ、筆者一同望外の喜びである。

本書を読んだ方が、学習指導に対する自分なりの考え方を確立し、学校の中で独特の位置を占める体育科・保健体育科のより豊かな学習指導を展開し、そのことが、子どもたちが運動やスポーツとのよりよい関係を築く、大きな支えになることを心より願っている。

　　　　　　　　　　　　　　　　　　　　編著者　松田恵示
　　　　　　　　　　　　　　　　　　　　　　　　鈴木秀人

刊行に寄せて　*2*

まえがき　*4*

序章　「体育を教える」ということ　*10*

第1節　そもそも「学ぶ」ってどういうこと？　*11*
第2節　運動・スポーツとは何か　*12*
第3節　運動の特性　*14*

理論編

第1章　体育の「目標」　*22*

第1節　個人の望ましさと体育の目標　*23*
第2節　社会の望ましさと体育の目標　*26*
第3節　3つの区分からみる体育の目標の変化　*28*
第4節　学習指導要領における体育の目標の変遷　*30*

第2章　体育の「内容」　*35*

第1節　教師の立場からの「内容」　*36*

第2節　子どもの立場からの「内容」　38
第3節　ジョギングの実践から「内容」を考える　43

第3章　体育の「方法」　47

第1節　体育学習で大切にしたいこと　48
第2節　学習過程と学習環境　50
第3節　体育の授業づくりの実際　53

第4章　体育の学習評価　61

第1節　さまざまな評価
　　　　──メジャメント、エバリュエーション＆アセスメント　62
第2節　学習評価の機能　63
第3節　これまでの学習評価　65
第4節　これからの学習評価　68

第2部　実践編

第5章　小学校低学年の授業を考える　74

第1節　幼児期からのつながりと運動遊びの指導　75
第2節　低学年のボールゲームの授業づくり　80

第6章　体操の授業を考える　　88

第1節　体育における体操　　89
第2節　体操の学習への動機づけ　　92
第3節　体操の授業の取り組み　　95

第7章　器械運動の授業を考える　　103

第1節　運動経験の大切さ　　105
第2節　運動領域の学習内容　　106
第3節　系統的学習と技術　　107

第8章　陸上運動・陸上競技の授業を考える　　117

第1節　問いの重要性　　118
第2節　競争のおもしろさ　　121
第3節　記録の向上のおもしろさ　　123

第9章　ボールゲームの授業を考える　　127

第1節　問題の解決へ向けた取り組み　　128
第2節　3つのボールゲームの授業にみられる状況の検討　　130

第10章　武道（柔道）の授業を考える　　139

第1節　安全管理　　140
第2節　楽しい柔道授業のツボ　　143

第11章 ダンスの授業を考える　*156*

第1節　ダンスの特性、分類と効果　*157*
第2節　ダンスのカリキュラム　*158*
第3節　ダンス授業の考え方と実際　*160*

第12章 学校運動部の今後のあり方を考える　*171*

第1節　学校教育と学校運動部　*172*
第2節　学校運動部の現状と課題　*177*
第3節　今後のあり方　*183*

第13章 保健の授業を考える　*188*

第1節　楽しくて学びがいのある保健の授業をつくるには　*188*
第2節　保健の授業の実際　*194*

終章　体育授業づくりの今後へ向けて　*200*

第1節　指導要領が活発化させる「研究」　*201*
第2節　何のために研究をするのか　*202*

序　章

「体育を教える」ということ

はじめに

　体育の学習指導は、結局のところ、子どもたちと運動やスポーツとのよい関係づくりを、子どもたち自身の実践を通してしっかりと築き、子どもたちが成長することを通して今とこれからの子どもたちの生活が豊かに営まれるとともに、元気いっぱいの社会の未来が体育を通して開かれることを目指すものである。では、そのためには何をどのようにすればよいのか。体育科教育法とは、このことについての理論的、実践的な理解を深め、教育に関わる知識や技術を習得し、自分なりの体育の学習指導に関する考え方とその実践をつくることができるようになることであろう。また、子どもたちの成長した姿に教師としての自分が胸を躍らせるために、学んだり研究したりするものではないかと思っている。
　しかし一方で、「指導法」というと教えるためのマニュアルを、情報としてたくさん覚えること、といった狭いイメージをもたれることも多い。しかし、それでは子どもたちの望ましい成長を促すことができないといっ

たことも起こる。教師の本当の意味での「力」は、子どもたちが一番よくわかるはずであり、それは、教師の各教科に関する「懐の深い」理解に由来するのではないかと思うのである。

そこで本章では、まず「体育を教える」ということを理解し、また、どのようなことを大切にしていけばよいのかについて考えることから始めてみよう。

第1節　そもそも「学ぶ」ってどういうこと？

「学ぶ」ということ。最初に考えたいことは、これである。体育は、運動やスポーツについて子どもたちが学ぶ時間である。でも、そもそも「学ぶ」とはどういうことなのだろうか。逆上がりができたり、ボールを蹴ることが上手くなったりすれば、「運動やスポーツを学んだ」といってよいのだろうか。

「出会って、自分が変わること」。本書ではまず、このことを「学ぶ」ことの本質であると考えてみたい。何かを学びたくなる時とは、いったいどのような時だろうか。自身の経験を振り返ってみれば、そこには共通して、「凄い！」とか「おもしろい！」とか「不思議！」とか「やってみたい！」などの、「出会い」の体験が含まれているということはないだろうか。新しいもの、わからないもの、できないもの、奥が深そうなものなど、現在の自分には届かない「何か」と出会った時に、人は自ら「学んでみたい」と感じるのではないか。そして、「真似」たり、「自分なりにやってみ」たり、「試し」たりする過程で、「学ぶ」人は「自分」という殻を破り、新しい「自分」へと変わっていくのではないか。そうなると、例えば体育では、運動やスポーツに関わって、これまで知らなかった人やモノや出来事に出会い、運動やスポーツを学ぶ中で子どもたち自身が変わり、運動やスポーツとの新しい関係を築いていくことができるようになることが、「学ぶ」ということになろう。

確かに、逆上がりができたり、ボールを蹴ることが上手くなったりすれば、これまでの自分とは違う「自分」になったわけだから、「学ぶ」ということがそこで生じていないわけではない。しかし、運動やスポーツに関わって生まれる新しい「出会い」の体験とは、果たしてこのような「技能」を身につけることだけにあるのだろうか。例えば、「運動やスポーツって、こんなにおもしろいものなんだ」とか、「運動や・スポーツの中で、友だちと一緒にいることの大切さが初めてわかった」など、実はもっと多くの「出会い」が生まれるのではないか。このように考えていくと、運動やスポーツを「学ぶ」ということは、そもそも「運動」とか「スポーツ」が私たちにどんな出会いの体験になっているのか、ということを考えるのと同じことになる。そして、少なくともそれは、単に逆上がりができたり、ボールを蹴ることが上手くなったりすることだけが体育における出会いではないということを、私たちに理解させてくれているように思うのである。そこで次は、それではそもそも運動・スポーツとは何か、というより根本的な問題に少し遡って考えることにしてみよう。

第2節　運動・スポーツとは何か

　ここまで、体育で学ぶ内容を「運動・スポーツ」という表記の仕方で取り上げてきたが、実際に多くを占めているものはスポーツであり、ここではまず、スポーツとは何か、ということから始めてみたい。スポーツとは、一言でそれが何かというとすると、意外に思われるかもしれないが、そもそもは「遊び」である。「仕事ではないもの・日常ではないもの」というフランス古語の「disprot」を語源にもつ「sport」という言葉は、もともと「身体的な活動」ということにさえも限定されていなかった、遊びとほぼ同義の言葉である。現在でもスポーツは、この「遊び」の要素から定義されることが定番となっており、「遊びの要素を含み、他者とのかかわり合いの中で行われる、身体活動」（ユネスコ「スポーツ宣言」「スポーツ振興法」

等）といった使われ方はその代表例である。

　そうなると、そもそも「遊び」とは何か、ということもさらに考えてみる必要があろう。ここでまず紹介したいのは、オランダの歴史学者、ヨハン・ホイジンガ（Johan Huizinga 1872〜1945）の研究である。ホイジンガは、遊びについて『ホモ・ルーデンス（Homo Ludens）』という本を著した。「人間の文化は遊びの中で遊びとして生まれ発展してきた」ということが、この本の最も中心を貫く主張である。これまでの遊びの研究は、「遊びは何に役立つか」については触れたものの「そもそも遊びとは何か」ということについては至っていないとホイジンガはいう。そこでホイジンガは、「遊び」の本質とは、ただ「おもしろい」ということだと断言している。この「おもしろい」ということこそが、しかしながら、すべての文化を創造する力であり、歴史的資料を丹念に集め「人間とは本質的に遊ぶ種＝ホモ・ルーデンス（遊ぶ人間）である」と声高にホイジンガは宣言したのであった。

　一方で、このホイジンガに触発されて、さらに遊びの研究を深めたフランスの研究者がいる。これが、ロジェ・カイヨワ（Roger Caillois 1913〜1978）である。ホイジンガは遊びを、①自由な活動、②没利害性・非日常性、③完結性・限定性、④規則のある活動、という4つから定義したが、まずカイヨワはそれに対して、①自由な活動、②時間的・空間的な隔離性、③結果の未確定性、④非生産性、⑤規則の支配、⑥虚構性、という6つから定義し直す。さらに遊びを、①「アゴーン（競争の遊び）」、②「アレア（運の遊び）」、③「ミミクリー（変身・模倣の遊び）」、④「イリンクス（めまいの遊び）」、の4つに区分したのである。この中で、スポーツは「アゴーン」として詳しく論じられている。スポーツの本質を考える時には、大変示唆に富む研究である。

　また、美学者の西村清和（1948〜）は、こうしたホイジンガやカイヨワの研究を批判的に受け止めつつ、「遊隙、遊動、遊戯関係」という3つの条件を満たすものを遊びと考えている［西村 1999］。

　「遊隙」とは、「歯車の遊び」といった言葉に代表されるような、「余白」「隙間」「のりしろ」のことである。「服に遊びがある」といった言葉に

は、「ゆとり」や「だぶつき」という意味合いが込められている。この時の、「遊び」のことである。

次に「遊動」とは、「行きつ戻りつする」という「動き」のことである。例えば、勝つか負けるかがいったりきたりしてわからない試合の経過について、「シーソーゲーム」という言葉で表現することがあるが、この時の「勝ちそうになったり負けそうになったり」と、往復運動が繰り返されるような「動き」のことである。もちろん、これは精神的なものに限られず、ブランコのように直接、身体的な動きとして現れるものも多い。

最後に、例えばスポーツにおいてプレーに失敗した時に、友だちや周りの人から叱られたりすると、遊びという軽やかな感覚はなくなってしまうだろう。つまり、遊びに夢中になるためには、「これは遊びなんだ」という、ある種の「安心感」がなければならない。「遊戯関係」とは、このような関係に基づく雰囲気のようなものを指している。

「遊び」をこのように捉えてくると、確かに「スポーツは遊びである」ということの意味が理解できてくる。休み時間でスポーツに夢中になる子どもたちの姿には、勝っても負けてもどうということはないのだけれども、けれども真剣になって「勝つか／負けるか」「できるか／できないか」という心の揺れにドキドキしながら夢中になっている様子がうかがえる。オリンピックやワールドカップのようなチャンピオンシップ・スポーツにおいても、この原理は変わらない。体育で教えているスポーツの本質は、このように「遊び」という観点から理解することが大切である。体育を教える時によく耳にする「運動の楽しさ」とは、このようなスポーツがもつ本質的な意味を、具体的には指しているのである。

第3節　運動の特性

このようなスポーツがもつ本質的な意味のことを「運動の特性」と呼んでいる。そもそも「特性」という言葉自体は、他に比べて特徴的な性質を

指すものであるから、例えば、あるスポーツ種目がもっている技術構造的な特徴や、他のスポーツ種目に比べた効果の面での特徴など、いくつかの観点から「運動の特性」を捉えることができるものである。しかし、体育の学習指導では、先の「出会い」という観点から見ても、とりわけ「学習者にとっての意味」を本質的な側面から考えることが大切である。このことから、何も断りをつけずに「運動の特性」といった場合には、これまでに述べた「遊び」としての本質的な意味の観点から捉えた特性のことを指す。

　ただ、本質的な意味、ということから考えた場合に、確かにスポーツは「遊び」として楽しまれる場合が多いのだけれども、例えば「体操（オリンピックなどの種目となっている「体操競技」のことではなく、ラジオ体操や準備体操などの言葉にみられるもの）」は、そもそもが「遊び」として行うのではなく、身体を動かすことが健康や安全安心あるいは体力向上のために「必要」であるがために人為的に作られた「運動」であり、この点ではサッカーやバスケットボールなどのスポーツとは本質的に異なっている。このことから、そのような「必要」に基づいて作られた動きという「特性」をもつ体操などを含めて、あるいはそれらだけを狭い意味で指す時などには「運動」という言葉を使い、「遊び」を本質とする動き・運動のことを「スポーツ」と呼んでいる。「運動・スポーツ」という表記の仕方は、このように運動を本質的な意味に基づいて分けた時に必要となる言葉の使い方である。また、この点からすると、ダンス（小学校では「表現運動」と呼ぶ）は、「遊び」の本質をもつが、スポーツは先のカイヨワがいうところの「アゴーン」であり、ダンスは「ミミクリー」に分類されるところから、スポーツとも体操とも区別される。これらが「運動の特性」という考え方の基本である。

　ここで、「遊びとしてのスポーツ・ダンス」をさらに類型的に捉え、学習指導に生かそうとした時に、次のような区別が用いられる。「アゴーン」という遊びは、おしなべて「挑戦する遊び」なのであるが、何に挑戦するのかということから区分してみると、相手（人）に挑戦するタイプ、

自己の記録や観念（昨日より良い結果にしたいなど）に挑戦するタイプ、自然や物理的障害に挑戦するタイプに分けられる。それらを順に「競争型」「達成型」「克服型」と呼ぶのである。このように捉えておくと、体育の学習において子どもたちが何に挑戦し、先生の側がどのように学習指導を進めれば良いかがわかりやすい。また、そのような特徴的な「楽しさ」に出会い、それを求める体験を通して、スポーツに対する力量を形成していくことが、体育の学習指導をしっかりと見定めるために大変有意な考え方である。

　また、さらに1つの考え方として、次のような「運動の特性」の捉え方についても紹介しておきたい。まだまだ検討の余地が大きいものではあるが、学習指導において何をどのように行えば良いのかがよりわかりやすいという点で、可能性を大きくもつものではないかと考えている。

　ここでの捉え方は、「現象学的還元」という観点を援用している。これは、その運動に対してもっている「思い込み」や「当たり前」をできるだけ外し、いったい何をしているのだろう、と行っている人の立場に立って、ただ虚心坦懐に眺めてみた時に、他の人と「そうそう、確かにそういうことをやっている！」というように、みんなで納得できる言葉を探し当てる、という考え方の手法の1つである。このような方法から、学校体育で主に取り上げている運動の「運動の特性」を導きだすと、それは次のようになる。

1. 個人的な運動

A．陸上運動

(1)走 の 運 動：スタートからゴールまで移動することができるかどうかがおもしろい運動
(2)ハードル走：スタートからゴールまで、連続したハードルを跳び越えて、移動することができるかどうかがおもしろい運動

(3)リ　レ　ー：スタートからゴールまで、バトンをみんなで、移動させ
　　　　　　　ることができるかどうかがおもしろい運動
(4)走り幅跳び：モノや目標を跳び越えることができるかどうかがおもし
　　　　　　　ろい運動
(5)走り高跳び：バー（モノ）を落とさずに跳び越えることができるかど
　　　　　　　うかがおもしろい運動

B．器械運動

(1)鉄　　棒：地面で安定して立っている状態から、鉄棒に上がっても鉄棒
　　　　　　上に安定した状態になったり、また鉄棒から地面でまた安定
　　　　　　した状態に戻すことができるかどうかがおもしろい運動
(2)跳び箱：乗り越えることができるかどうかがおもしろい運動
(3)マット：地面で安定して立っている状態から、一度回っても（頭の位
　　　　　置を動かしても）、また地面に安定して立っている状態に戻れ
　　　　　るかどうかがおもしろい運動

C．水　泳

水の中で、スタートからゴールまで移動することができるかどうかがお
もしろい運動

2．集団的な運動

A．ゴール型のボール運動

(1)サッカー：手を使わずにボールをコントロールして、チームでボール
　　　　　　を運び、シュートチャンスを作って、ゴールにボールを蹴
　　　　　　り込むことができるかどうかがおもしろい運動
(2)バスケットボール：手でボールをコントロールし、チームでボールを
　　　　　　　　　　運び、シュートのため相手をかわし、ボールをリ

ングに入れることができるかどうかがおもしろい運動
- (3)ハンドボール：手でボールをコントロールして、チームでボールを運び、シュートチャンスを作って、ゴールにボールを投げ込むことができるかどうかがおもしろい運動
- (4)タグラグビー：ボールを陣取りのシンボルに見立てて、チームでシンボルを相手にとられないようにして前に進め、相手の陣地をすべてとることができるかどうかがおもしろい運動
- (5)フラッグフットボール：ボールを、チームで決められた場所まで運ぶことができるかどうかがおもしろい運動

B．ネット型のボール運動

- (1)バレーボール：ボールを落とさないようにコントロールして、チームで見方のコートには落とされないようにし、うまくその間を組み立てて、相手のコートには落とすことができるかどうかがおもしろい運動
- (2)プレルボール：ボールを手（プレル）でコントロールして、チームで相手コートに返し、味方コートには相手に返させないことができるかどうかがおもしろい運動

C．ベースボール型のボール運動

- (1)ティーボール：ボールを道具（バット・グラブ）でコントロールして、チームで攻撃側がヒットしたボールを守備側がベースに送るのと、攻撃側がベースに移動するのがどちらが速いかがおもしろい運動
- (2)キックベースボール：チームで攻撃側がキックしたボールを守備側がベースに送るのと、攻撃側がベースに移動するのがどちらが速いかがおもしろい運動

3．表現運動

身体を使って、日常にはない身体を一人やみんなで創り出すことで演じることがおもしろい運動。

4．体つくり運動

A．体力を高めるための運動

体力を高めるために必要に応じて意図的に動く運動

B．体ほぐしの運動

普段は経験しない身体の動きを体験することがおもしろい運動

C．運動遊び

身体を使って、できるかできないかがおもしろい運動

　ここで示した「運動の特性」は、オリンピック選手から幼稚園の子どもまでに共通の、いわば「最大公約数」にあたる内容である。それに「発達段階」に基づいて「条件」が加わったものが、発達に見合った子どもにとっての運動になる。例えば、水泳の運動の特性は「水の中で、スタートからゴールまで移動することができるかどうかがおもしろい運動」であるが、高学年になり、例えばそこに「足をつかないで少しでも長く」という条件が加わると、「足をつかないで少しでも長く」＋「水の中で、スタートからゴールまで移動することができるかどうかがおもしろい運動」ということになって、「平泳ぎ」という発達段階に見合った運動がでてくる。このように、「初達段階に見合った条件＋運動の特性」が各学年段階で取り上げられる具体的な運動の姿になると考えればよい。

このように「運動の特性」にはさまざまな捉え方がなお検討される部分があるが、いずれにしても「本質的な意味」を明らかにした上で学習指導を進めていくことが、体育では大切であることに変わりはなかろう。

おわりに

　アクティブラーニングや主体性、協働性に基づく創造性、21世紀型学力など、学校教育全体は現在、「意味」を大切にする学習指導へと大きく軸足を移しつつある。このような中で、行動主義的な観点から、「技能が身につく」ということだけに体育の出会いの幅を狭め、先生の側の自己満足に陥るような体育の授業を展開することから、早い段階で脱却することが日本では求められている。「なぜ、何のために体育を教えるのか」「教えるとはどういうことか」「学ぶとは何か」など、体育の学習指導の原点にあることがらに常に立ち返りつつ、授業に向かうことがますます求められている。その礎となる部分について、本書を通じて共に考えることができれば幸いである。

引用・参考文献

　西村清和『遊びの現象学』勁草書房、1999年

第 1 部

理論編

第1章

体育の「目標」

はじめに

　本章では、まず小学校での「体育科」、中学校での「保健体育科（ここではその中の体育領域）」の目標について考えることにしてみたい。

　後でも述べるが、各教科の目標については、学習指導要領に定められており、体育も、この学習指導要領に準じて進められることになっている。しかし、学校の教師として体育科や保健体育科を実際に教える時には、「文言」として示されている学習指導要領をさらにしっかりと捉えなおし、「自分のもの」として、あるいは「自分の言葉」で「○○××……ということから、体育では目標をもって教えています」と話せることは大切である。なぜなら、そのことが、子どもや親や社会に向かって、自分が「教師」という役割に自信をもって体育に取り組むことを支えてくれるからである。そこでここでは、より広く体育の目標についての考え方を理解するとともに、現在の学習指導要領の特徴を知り、さらにはこれからの体育のあり方や目標について考える視点などについて検討してみよう。

体育に限らず、広く「学校教育」の目標には、「個人の望ましい成長・発達」と「社会の維持・存続」という２つの側面がある。

　例えば、小学校で「体育」という教科を行うのは、まずは、生涯にわたって運動に親しむことのできる資質や能力の基礎を１人ひとりに育てるとともに、健康で体力も高い児童になってほしいからであろう。また他方では、そうした児童が育つことは、これからの社会が人々が生涯にわたって運動に親しむ社会、健康で体力の高い社会となることにもつながる。それは現在の社会を支え、未来の社会をも創っていくことであり、これからの社会においても大切なことであると予想される。つまり、教師という立場からは、個人の望ましさと社会の望ましさという、お互いに関連し合う２つの側面から、体育の目標を考える必要があるということである。そうしたことを、さらには子どもの立場にもう一度戻って考えることができた時に、専門職としての「教師の自信」が育まれることになるのだと思われる。

第1節　個人の望ましさと体育の目標

　そこで、まず個人の望ましさの問題、言い替えると「求められる子どもたちの理想像」について少し考えてみよう。ここでは体育という教科から、子どもたちの望ましさについて考えるのだから、もちろん最初にあげられる観点は、教科の特徴でもある「運動やスポーツを学習すること」の、子どもたちにとっての大切さである。それも、「運動やスポーツを学習する過程で身につけることの大切さ（教育効果あるいは手段としての大切さ）」ではなく、「運動やスポーツそれ自体を学習し身に付けることの大切さ（目的としての大切さ）」であろう。

　例えば、2011（平成23）年に新たに制定された「スポーツ基本法」では、前文の冒頭部分で次のように述べられている。

スポーツは、世界共通の人類の文化である。
　　スポーツは、心身の健全な発達、健康及び体力の保持増進、精神的な充足感の獲得、自律心その他の精神の涵（かん）養等のために個人又は集団で行われる運動競技その他の身体活動であり、今日、国民が生涯にわたり心身ともに健康で文化的な生活を営む上で不可欠のものとなっている。スポーツを通じて幸福で豊かな生活を営むことは、全ての人々の権利であり、全ての国民がその自発性の下に、各々の関心、適性等に応じて、安全かつ公正な環境の下で日常的にスポーツに親しみ、スポーツを楽しみ、又はスポーツを支える活動に参画することのできる機会が確保されなければならない。

　法律という性格上、施策との関連性からスポーツの定義については、「スポーツを行うことから生まれる効果」の面に焦点を当てている特徴はある。しかしながら、スポーツは自発性の下に行われなければならないということや、日常的には、親しみ、楽しみ、支える活動に参加することを強調するなど、「スポーツの本質」としてよく指摘される、広い意味での遊び（play）の性質をもった文化としての特性を大切にするものでもある。さらに、ここでいうスポーツとは、一般的な「運動競技」だけにとどまらず、そのような性質をもつ身体活動、つまり一般には「運動」と呼ばれるものの一部まで含む広い概念であることもわかる。このことから、こうした文化としての広い意味でのスポーツそのものが、人々の生活を豊かにし、また基本的な権利の１つとして生涯にわたって親しまれることを国や社会が推進しなければならないことが、ここで強調されていることがわかる。つまりスポーツを身につけることや親しむことそれ自体が、教育の目標として大切にされる必要があるのである。
　ここで取り上げられている「文化としてのスポーツ」については、古くは1970年代から、ポール・ラングランによる「生涯スポーツ」に関するまとめなど関連する組織や団体の報告、またヨハン・ホイジンガ（Johan Huizinga 1872〜1945）やロジェ・カイヨワ（Roger Caillois 1913〜1978）といった「遊び」研究の成果を視点とした体育科教育やスポーツの研究などでも

度々指摘されてきた。また、個人が目指す幸福な姿のあり方が、社会の発展とともに、より個人の自由と生活の質的な充実を求める方向へと変化してきた経緯なども踏まえ、そうしたスポーツと人間との関係をより意図的、組織的に強めていこうとする社会的需要が高まる傾向にあることも見逃すことができない点である。このようなことから、「スポーツを生涯にわたって親しみ、幸福で豊かな生活を営むことのできる子どもたち」という理想像が、個人の望ましさという点からは、体育の目標として志向されているのが現在の状況である。

　他方では、子どもたちの今についてのさまざまな問題が、体育に関わるものに限ってみても、本当に数多く指摘されている。屋外遊びや自然体験が生活の中からなくなる傾向にあるといった問題、スポーツが好きでよく行う子どもとスポーツが嫌いであまり行わない子どもがはっきりと分かれてきているといった「二極化」の問題、また小さい時からスポーツ少年団等で行っている種目はとても得意だけれどもそれ以外の種目はまったくダメで経験や意欲もない「蛸壺（タコツボ）化」といった問題、失敗を避ける傾向が強いとともに心が「折れやすい」といった問題、いじめ問題等にも現れる子どもたちの人間関係の問題、いくぶん改善傾向はみられつつあるとはいえまだまだ心配な体力低下の問題、肥満や成人病の低年齢化といった健康問題など、ここまでにあげた例だけではもちろん収まらないほどに、現代の子どもたちをめぐる問題の指摘は多様かつ複雑である。

　こうした問題意識は、「本来ならばこうあってほしいのに……」という理想像や望ましさの視点から逆に生まれてくるものである。このことからすると、「運動やスポーツそれ自体を学習し身に付けることの大切さ（目的としての大切さ）」に加えて、「運動やスポーツを学習する過程で身につけることの大切さ（教育効果あるいは手段としての大切さ）」の面からも、体育がもつ教育的可能性について考えることは重要なことである。とりわけ、運動やスポーツを通した子どもたちの人間関係づくりの問題や、心身の健康の保持・増進に関わる問題、体力に関わる問題などは、個人の望ましさという点からも「仲間と豊かに関わることのできる、健康で元気な子

どもたち」という理想像として、今後ますます志向されるものとなろう。子どもたちの成長や発達において、体育という営みが欠かせない、とする意識は、このようなことから少なからず多くの教師にも共有されているところである。

第2節　社会の望ましさと体育の目標

　次に社会の望ましさ、という側面に移ってみよう。現在の社会は、個人の主体性や基本的な人権というものが大切にされるとともに、国際化や情報化が進み、「知識基盤社会」と呼ばれる「新しい知識・情報・技術が政治・経済・文化をはじめ社会のあらゆる領域での活動の基盤として飛躍的に重要性を増す社会」（中央審議会答申、2005年）でもある。そうした中で、体育という教科から社会の望ましさについて考えた時、個人の望ましさとの関係からも強くでてくるのが、まずは「生涯スポーツ社会の実現」という体育の目標であり、それに向かう体育科での主体的で協働的な子どもたちの学習のあり方である。

　スポーツという文化が、個人的な楽しみごとといった役割にとどまらず、経済や政治や文化全般に果たす役割や影響が強まっているのが現代社会である。また家庭や地域の生活でも、広い意味でのスポーツや運動といった営みは生活の中に溢れており、こうした現状にみられるスポーツのあり方からすると、ある意味で現代の社会は、「スポーツ（運動）する社会」でもある。そのような状況の中で、人々はスポーツを通じて幸福で豊かな生活を営むとともに、そうした生活の基盤となる社会がスポーツを通じて形作られてもいる。

　こうした「スポーツする社会」を支える成員を教育することによって形成するのは、まずは学校が担うべき重要な機能の1つである。さらに、こうした社会を維持するだけではなく、より発展させ存続させていくためには、例えば、現在はまだまだ課題も残る「生涯にわたってスポーツに親し

む」ことをさらに進め「生涯にわたってスポーツする社会」へと未来を誘っていくことや、スポーツを通して国際化や地域社会のつながりを再構築する社会を目指し、「つながりを生み出すスポーツする社会」へと未来を誘っていく必要がある。つまり、社会の望ましさという視点からは、体育を通して、広い意味での運動や社会的機能を含んだ「スポーツ」が、推進され盛んになることがまずは求められているということである。

　加えて次に考えなければならないことは、運動やスポーツが、現代社会においては社会的課題として多くの国でも共通して取り上げられることの多い、健康や体力という問題に関連が深いということである。「みんなが豊かに元気に長生きできる社会」は、スポーツが「運動」という1つの刺激剤として役割を果たし、人々にとっての身体の必要性を充たすことがさらに進んだ社会でもある。このことは「生涯にわたってスポーツする社会」という社会の望ましさと連動しながらも、医療や福祉のあり方とも連携しつつ「生涯にわたって健康な社会」という社会の望ましさから、体育の目標について考えようとすることでもある。スポーツという文化がもつ、手段的・副次的効果を最大限発揮させることが求められているということであろう。

　このように現在の体育の目標は、個人と社会の望ましさの観点から、

1. スポーツを生涯にわたって親しみ、幸福で豊かな生活を営むことのできる子どもたちを育てること
2. 仲間と豊かに関わることのできる、健康で元気な子どもたちを育てること
3. 生涯にわたってスポーツする社会を実現すること
4. 生涯にわたって健康な社会を実現すること

の4点にわたって考えられることが多い。これは世界的に見ても、強調点が異なっていたり、取り上げ方が異なっていたりする場合もあるけれども、体育の目標としては共通に挙げられているところである。教育目標につい

ては、「国家」との関係からなされる政策として特徴づけられるものであり、基本的には国のレベルでそれぞれの考え方が独自にまとめられる場合が多い。しかし一方で、グローバル化する現代社会においては、国際的な情報の共有や連携的・協働的な取り組みもみられ、以前に比べればより国際的な動向を視野に入れた動きがとられやすくなっている面がある。また、国を超えた人々の動きが盛んとなり、学校現場においても、多様性（ダイバーシティ）の中で体育を教えることが多くなることもあろう。この意味では、体育の目標についても、国際的な視点から考えることを、今後、学校現場においてさらに求められることも予想される。

第3節　3つの区分からみる体育の目標の変化

　ここまでに、現在の体育の目標について2つの側面から考えてきたが、これまでの社会では、体育の目標についてどのように考えてきたのであろうか。歴史を知ることは、「これまでにもそんなことがあったから、これからはこのようにしよう」だとか、「このように今、考えるのは、あの時の影響かもしれない」だとか、「昔はこんな風だったけど、それから考えると今はとても良い時代だ」などと、「今」を考える時の視点として役に立つことも多い。一般に、自分の考え方を明確にする際に、他との比較から、自分が考えていることを少し外側から見つめ直してみたり、自分の考え方には偏りがないかをチェックしたりする作業のことを「相対化」と呼ぶ。この意味では、「自分のもの」として体育の目標を捉えるために、これまでに述べられてきたような社会の視点から考えるとともに、歴史の視点からもそれについて考えることは、「相対化」の作業のためには欠かせない視点といえよう。

　日本で初めて近代的な意味での学校が始まったのは、1872（明治5）年になされた学制公布からである。この時に「体術」という名称で示されたものが、現在の体育の前身である。この教科名は、ドイツ語の「Gymnastics」

を訳して使用されたものだといわれている。その当時日本では「養生」といった概念や「武芸」といった概念はあったが、運動することによって身体を鍛える、という概念が当時はまだなく、仕方なく「体術」という言葉をあてたようである。その後、「体練」「体操」と名称は変わっていくのだが、この「身体を鍛える」ということに対しては、初代の文部大臣である森有礼（1847～1889）自身がアメリカでの教育のあり方を視察したように、当時の明治政府は普及させようとしてかなり力を入れていたようである。なぜなら、そもそも当時の日本人の体格が欧米人に比べて小さく「みすぼらしい」だけでなく、右足右手を同時に前にだして歩く「ナンバ」の動きなどにもみられるように近代的な身体技法とは異なった文化の中にあり、富国強兵と呼ばれるように、産業の近代化や軍隊の整備において「身体の近代化と鍛錬」というテーマが、社会の望ましさとして強く求められていたからであった。また、こうした体育に対するスタンスは結局のところ、第二次世界大戦の敗戦によって、明治以来の日本の国家体制が変革するまで変わらず、この時期までの体育はこの点から、「身体の教育」がキーコンセプトとなっていたと考えることができる。

　ところが、第二次世界大戦後、日本はアメリカの「新教育思想」を背景とした民主主義教育へと、その体制を新たにして作り直していくことになった。その過程にあって、「運動することを通じて全人的な個人の発達を促す」体育が指向された。公教育が富国強兵といった国家のためだけに行われるものではなく、民主主義には欠かせない「個人」の尊重と「個人」のための側面をもつものであることが強く意識されたからである。そこでは、戦前までの全体主義的な集団ではなく、「個」と「個」が対等につながり合い協力し合う民主的な集団形成が図られ、体育においても、これまでの身体的発達といった側面だけではなく、「個」の育成や、社会性の育成の面が強く求められるものともなった。また、スポーツにおけるパフォーマンス能力が国際的に比較されることになるオリンピックを1964年に東京で開催したことも影響し、「技能主義」と呼ばれる、運動の技能習得の過程を通して、子どもたちの「個」の育成や社会性の育成を図ったり、

競技力の向上を裾野から底上げしようとしたりするところに望ましさをもつ体育への指向も強まる。こうした一連の時期の体育は、「運動を通した教育」というテーマが、キーコンセプトとなっていた時代といってよい。

　こうした時代を経て、1980年代前半から、先に述べた「生涯スポーツ」という考え方の台頭やスポーツと人間の関わりに関する研究の発展、戦後の急速な経済成長を受けて、いわゆる「先進国」の仲間入りをした日本の社会的状況などが連なり、人生の量よりも質を求める個人の望ましさが大切にされるとともに、先にも述べた「生涯スポーツ」という理念が、社会的な望ましさとしても大切にされるようになった。つまり、運動やスポーツが生活の中に根付き、例えば音楽や美術などと同じように、生活の内容として親しまれていること自体を価値ある状態として求めるとともに、運動やスポーツを行うことによってもたらされる効果としての豊かな価値を求め、生涯にわたって個人がそれを受け取ることを体育の役割として大切にしようとする考え方である。「運動・スポーツを目的・内容とする教育」あるいは「運動・スポーツの教育」というテーマをキーコンセプトとする体育、といってよい。

　このように体育の目標あるいはその概念の捉え方は、「身体の教育」「運動・スポーツを通した教育」「運動・スポーツの教育」の3つの時代区分を経て変化している。また、このような体育の変化は、同時に国際的にもほぼ同じ傾向を見せている。

第4節　学習指導要領における体育の目標の変遷

　ここで、最後に日本の学習指導要領における体育の目標の変遷についても少し触れておきたい。次の表1（p. 32～33）は小学校における、体育科の学習指導要領の変遷についてまとめたものである。

　特に、1977（昭和52）年の学習指導要領から「運動の楽しさ」という言葉がみられるようになり、「運動・スポーツを目的・内容とする教育」の

時代がここから始まっていることがわかる。「運動の楽しさ」という言葉は、それまでのいわゆる「技能主義」の体育においてあまりにも技能習得のみが強調され、特に「できない子ども」たちにとって体育が「苦しい」ものになってしまう場合があったり、そもそも生活の内容として親しまれるスポーツは、その本質が「楽しい」ものであったりするために、体育のあり方を考える場合によく使われる言葉である。

　また、1998（平成10）年の学習指導要領からみられる「心と体を一体として捉え」といった言葉についても、体育で扱う運動やスポーツ、ならびに身体活動やそもそもの身体、という言葉が単なる「肉体」として捉えられがちなことに対し、教育の目標として見た場合、それでは目指すべき方向が上手く表現されないことを強調するものであろう。

　このように、10年ごとに改訂される学習指導要領では、その時どきの社会的な、あるいは教育的な課題を受けるとともに、教育政策としてその時どきの政治や社会や文化のあり方にも影響を受け、例えばこうした「運動の楽しさ」や「心と身体を一体として捉え」といった言葉が使用されている。このことからすると、その他にも特徴としてあげられるいくつかのキーワードから、学習指導要領の改訂で強調される大きな方向性や目標の構造などを捉え直したり、理解を深めたりすることも、また大切なことであろう。

おわりに

　最後に、体育の目標についての理解を深めるためには、ここまで述べてきた社会や歴史といった視点に加えて、子どもを目の前にした日々の授業実践において生まれる自分自身の感じ方といった視点も、大切な観点であることを強調しておきたい。「相対化」を行うためには、社会や歴史といった「知識」としての観点以外に、「実感」といったある種の現実感覚が、時に重要な役割を果たすものである。「学び続ける教師」が求められるこれからの社会において、授業実践を振り返り改善し続ける教師になる

表1　小学校体育・学習指導要領の変遷（目標）

	目　標	1　年	2　年
昭和33年公示	1 各種の運動を適切に行わせることによって、基礎的な運動能力を養い、心身の健全な発達を促し、活動力を高める。 2 各種の運動に親しませ、運動のしかたや技能を身につけ、生活を豊かにする態度を育てる。 3 運動やゲームを通して、公正な態度を育て、進んで約束やきまりを守り、互に協力して自己の責任を果たすなどの社会生活に必要な態度を養う。 4 健康・安全に留意して運動を行う態度や能力を養い、さらに保健の初歩的知識を理解させ、健康な生活を営む態度や能力を育てる。	(1) 各種の簡単な運動を行わせることによって、基礎的な運動能力を養う。 (2) だれとでも仲よくし、またきまりを守って楽しく運動を行う態度を育てる。 (3) 運動と関連した健康・安全についてのきまりを守る態度や習慣を養う。	(1) 各種の簡単な運動を行わせることによって、基礎的な運動能力を養う。 (2) 運動をするときの簡単なきまりをつくり、みんなで同じ運動を仲よく楽しく行う態度を育てる。 (3) 競争やゲームにおいて、規則を守り、負けてもすなおに認める態度を育てる。 (4) 運動と関連した健康・安全についてのきまりを守る態度や習慣を養う。
昭和43年公示	適切な運動の経験や心身の健康についての理解を通して、健康の増進と体力の向上を図るとともに、健康で安全な生活を営む態度を育てる。このため、 1 運動を適切に行なわせることによって、強健な身体を育成し、体力の向上を図る。 2 運動のしかたや技能を習得させ、運動に親しむ習慣を育て、生活を健全にし明るくする態度を養う。 3 運動やゲームを通して、情緒を安定させ、公正な態度を育成し、進んできまりを守り、互いに協力して自己の責任を果たすなどの社会生活に必要な能力と態度を養う。 4 健康・安全に留意して運動を行なう能力と態度を養い、さらに、健康の保持増進についての初歩的知識を習得させ、健康で安全な生活を営むために必要な能力と態度を養う。	(1) 各種の運動を適切に行なわせることによって調整力を養う。 (2) だれとでも仲よくし、きまりを守って、健康・安全に留意して運動を行なう能力と態度を養う。	(1) 各種の運動を適切に行なわせることによって調整力を養う。 (2) 運動をするときの簡単なきまりをつくり、みんなで仲よく、健康・安全に留意して運動を行なう能力と態度を養う。
昭和52年公示	適切な運動の経験を通して運動に親しませるとともに、身近な生活における健康・安全について理解させ、健康の増進及び体力の向上を図り、楽しく明るい生活を営む態度を育てる。	(1) 各種の基本の運動及びゲームを楽しくできるようにし、体力を養う。 (2) だれとでも仲よくし、健康・安全に留意して運動する態度を育てる。	(1) 各種の基本の運動及びゲームを楽しくできるようにし、体力を養う。 (2) だれとでも仲よくし、健康・安全に留意して運動する態度を育てる。
平成元年公示	適切な運動の経験と身近な生活における健康・安全についての理解を通して、運動に親しませるとともに健康の増進と体力の向上を図り、楽しく明るい生活を営む態度を育てる。	〔第1学年及び第2学年〕(1) 基本の運動及びゲームを楽しくできるようにするとともに、体力を養う。 (2) だれとでも仲よくし、健康・安全に留意して運動をする態度を育てる。	
平成10年公示	心と体を一体としてとらえ、適切な運動の経験と健康・安全についての理解を通して、健康の保持増進と体力の向上を図り、楽しく明るい生活を営む態度を育てる。	〔第1学年及び第2学年〕(1) 基本の運動及びゲームを簡単なきまりや活動を工夫し楽しくできるようにするとともに、体力を養う。 (2) だれとでも仲よくし、健康・安全に留意して運動をする態度を育てる。	
平成20年公示	心と体を一体としてとらえ、適切な運動の経験と健康・安全についての理解を通して、生涯にわたって運動に親しむ資質や能力の基礎を育てるとともに健康の保持増進と体力の向上を図り、楽しく明るい生活を営む態度を育てる。	〔第1学年及び第2学年〕(1) 簡単なきまりや活動を工夫して各種の運動を楽しくできるようにするとともに、その基本的な動きを身に付け、体力を養う。 (2) だれとでも仲よくし、健康・安全に留意して意欲的に運動をする態度を育て	

3 年	4 年	5 年	6 年
(1) 各種のやや形の整った運動を行わせ、初歩的な運動技能とともに基礎的な運動能力を養う。(2) 運動するときの簡単なきまりをつくり、決められた役割を果し励ましあって運動を行う態度を育てる。(3) 競争やゲームにおいて、規則を守り、最後まで努力し、負けてもすなおに認める態度を育てる。(4) 健康・安全に注意して運動を行う態度や習慣を養う。	(1) 各種のやや形の整った運動を行わせ、初歩的な運動技能を養うとともに基礎的な運動能力を高める。(2) 運動するときのきまりをつくり、必要に応じてそれを改めたりまた役割を決めたりしリーダーを中心に助けあって運動を行う態度を育てる。(3) 競争やゲームにおいて規則を守り、最後まで努力し、負けてもすなおに認める態度を伸ばす。(4) 健康・安全に注意して運動を行う態度や習慣を養う。	(1) 各種のやや組織だった運動を行わせ、運動技能を養い、基礎的な運動能力を養う。(2) 練習やゲームのきまりをくふうし、チームをつくり、リーダーを選んで、共通の目標に向かって互いに協力して運動を行う態度を育てる。(3) 競争やゲームで、規則を守り、最後まで努力し、勝敗の原因を考え、さらに進歩向上をはかろうとする態度を育てる。(4) 日常生活における運動の行い方や心得を理解させ、学校や家庭における運動や遊びを健全に豊かにする態度や能力を養う。(5) 自己のからだの発達や健康状態について関心をもたせるとともに、身近な日常生活における健康・安全についての初歩的な理解をもたせる。	(1) 各種のやや組織だった運動を行わせ、運動技能や基礎的な運動能力を高める。(2) チームやグループにおける自己の役割を自覚し、共通の目標に向かって互いに協力して練習やゲームを行う態度を伸ばす。(3) 練習やゲームのしかたをくふうし、計画的に行う能力を育て、校内競技会の計画や運営に参加できるようにする。(4) 競争やゲームで、規則を守り、最後まで努力し、勝敗の原因を考え、さらに進歩向上を図ろうとする態度を伸ばす。(5) 運動やスポーツなどに関する初歩的知識をもたせ、日常生活における運動や遊びを健全に豊かにする態度や能力を養う。(6) 日常かかりやすい病気やけがの予防、簡単な処置について理解させ、健康・安全な生活ができる態度を養う。
(1) 各種の運動を適切に行なわせることによって調整力を養う。(2) 器械運動、陸上運動、水泳、ボール運動、ダンスなどの初歩的な技能を養う。(3) 運動をするときのきまりをつくり、決められた役割を分担し互いに協力して、健康・安全に留意して運動を行なう能力と態度を養う。(4) 競争やゲームにおいて、規則を守り、最後まで努力する態度を養う。	(1) 各種の運動を適切に行なわせることによって、筋力・調整力を養う。(2) 器械運動、陸上運動、水泳、ボール運動、ダンスの初歩的な技能を養う。(3) 運動するときのきまりをつくり、役割を分担し互いに協力して、健康・安全に留意して運動を行なう能力と態度を養う。(4) 競争やゲームでは規則を守り、最後まで努力する態度を養う。	(1) 各種の運動を適切に行なわせることによって、筋力・調整力・持久力を養う。(2) 器械運動、陸上運動、水泳、ボール運動、ダンスの基礎的技能を養う。(3) 練習やゲームのきまりをくふうし、目標をもって、リーダーを中心に互いに協力して、健康・安全に留意して運動を行なう能力と態度を養う。(4) 競争やゲームで、規則を守り、最後まで努力し、勝敗の原因を考え、さらに進歩向上を図ろうとする態度を養う。(5) 自己の心身の状況や基礎的な生活についての初歩的な事項を理解させ、健康の保持増進と生活の能率化を図ることができるようにする。	(1) 各種の運動を適切に行なわせることによって、筋力・調整力・持久力を養う。(2) 器械運動、陸上運動、水泳、ボール運動、ダンスの基礎的技能を養う。(3) 練習やゲームのしかたをくふうし、チームやグループにおける自己の役割を自覚し、互いに協力して、計画的に、健康・安全に留意して練習やゲームを行なう能力と態度を養う。(4) 競争やゲームでは、規則を守り、最後まで努力し、勝敗の原因を考え、さらに進歩向上を図ろうとする態度を養う。(5) 身近な日常生活における病気やけがの予防と学校や社会における健康の問題について、初歩的事項を理解させ、健康・安全な生活ができるようにする。
(1) 各種の運動を楽しくできるようにし、その特性に応じた技能を身につけ、体力を養う。(2) 協力、公正などの態度を育てるとともに、健康・安全に留意して最後まで努力する態度を育てる。	(1) 各種の運動を楽しくできるようにし、その特性に応じた技能を身につけ、体力を養う。(2) 協力、公正などの態度を育てるとともに、健康・安全に留意して最後まで努力する態度を育てる。	(1) 各種の運動の楽しさを体得するとともに、その特性に応じた技能を養い、体力を高める。(2) 協力、公正などの態度を育てるとともに、健康・安全に留意し、自己の最善を尽くして運動する態度を育てる。(3) 体の発育及びけがの防止について理解させ、健康の増進及び安全な生活ができる能力と態度を育てる。	(1) 各種の運動の楽しさを体得するとともに、その特性に応じた技能を養い、体力を高める。(2) 協力、公正などの態度を育てるとともに、健康・安全に留意し、自己の最善を尽くして運動する態度を育てる。(3) 病気の予防及び健康な生活の仕方について理解させ、健康を保持増進することができる能力と態度を育てる。
〔第3学年及び第4学年〕(1) 各種の運動を楽しくできるようにするとともに、その特性に応じた技能を身に付け、体力を養う。(2) 協力、公正などの態度を育てるとともに、健康・安全に留意して最後まで努力する態度を育てる。		〔第5学年及び第6学年〕(1) 各種の運動の楽しさや喜びを味わうことができるようにするとともに、その特性に応じた技能を身に付け、体力を高める。(2) 協力、公正などの態度を育てるとともに、健康・安全に留意し、自己の最善を尽くして運動をする態度を育てる。(3) 体の発育と心の発達、けがの防止、病気の予防及び健康な生活について理解できるようにし、健康で安全な生活を営む能力と態度を育てる。	
〔第3学年及び第4学年〕(1) 各種の運動の課題をもち、活動を工夫して運動を楽しくできるようにするとともに、その特性に応じた技能を身に付け、体力を養う。(2) 協力、公正などの態度を育てるとともに、健康・安全に留意して最後まで努力する態度を育てる。(3) 健康な生活及び体の発育・発達について理解できるようにし、身近な生活において健康で安全な生活を営む資質や能力を育てる。		〔第5学年及び第6学年〕(1) 各種の運動の課題をもち、活動を工夫して計画的に行うことによって、その運動の楽しさや喜びを味わうことができるようにするとともに、その特性に応じた技能を身に付け、体の調子を整え、体力を高める。(2) 協力、公正などの態度を育てるとともに、健康・安全に留意し、自己の最善を尽くして運動をする態度を育てる。(3) けがの防止、心の健康及び病気の予防について理解できるようにし、健康で安全な生活を営む資質や能力を育てる。	
〔第3学年及び第4学年〕(1) 活動を工夫して各種の運動を楽しくできるようにするとともに、その基本的な動きや技能を身に付け、体力を養う。(2) 協力、公正などの態度を育てるとともに、健康・安全に留意し、最後まで努力して運動をする態度を育てる。(3) 健康な生活及び体の発育・発達について理解できるようにし、身近な生活において健康で安全な生活を営む資質や能力を育てる。		〔第5学年及び第6学年〕(1) 活動を工夫して各種の運動の楽しさや喜びを味わうことができるようにするとともに、その特性に応じた基本的な技能を身に付け、体力を高める。(2) 協力、公正などの態度を育てるとともに、健康・安全に留意し、自己の最善を尽くして運動をする態度を育てる。(3) 心の健康、けがの防止及び病気の予防について理解できるようにし、健康で安全な生活を営む資質や能力を育てる。	

［松田 2011：248］

ためにも、こうした「相対化」作業を行いつつ、体育の目標を「自分のもの」として考えることは重要である。それは言い替えれば、単にマニュアルに頼るだけではなく、学習指導を考え振り返り修正することできる教師として、「目標」を広くそして深く理解することを、その礎とする力が問われている、ということでもあろう。

参考文献

松田恵示「日本の学校体育政策」『スポーツ政策論』成文堂、2011年

第2章

体育の「内容」

はじめに

　ある小学校で、ハンドボールの授業を参観した時のことである。教師が「空いたスペースに走り込んでパスをもらい、攻めるゲームをしよう」という課題を子どもに提示し、コート上でその動き方を確認した後、ゲームは始まった。1つのコートに注目してみていると、長身で運動能力が高いと思われる1人の男子をゴール前に張り付かせ、ロングパスでボールを集めてシュートをするという攻撃一辺倒のチームがあった。この作戦は功を奏し、得点を重ねていった。その男子に相手の守備が集まるために広いスペースができ、よいポジショニングをしている女子もいるが、その子へパスは渡らない。そうこうしているうちにゲームは終了。そのチームは僅差で勝利を収めた。

　ゲーム後の反省会で、教師がその男子を指名して、学習成果の発表を促した。すると彼は、「空いたスペースに動いてパスを沢山もらい、シュートが決まって勝てたのでよかった」と発言し、それを聞く教師は満足そう

であった。

　こういった授業をみることは決して珍しいことではない。問題点はいくつか考えられるが、その大きな1つに体育の「内容」の問題があることは明白である。教師が身につけさせたい動き方を「内容」として定め、それを課題として提示し、全員に実践させる。その動き方の習得を教師が求めていることを理解した子どもは、それができたかどうかに関わらず「できた!!」とよい子を演じる。子ども自らが課題をみつけ、その解決に向かって挑戦する素敵な実践が行われている一方で、「何のための、誰のための体育か」と首をかしげたくなるこのような実践が、今日もあちこちの学校で行われているのは現実であろう。

第1節　教師の立場からの「内容」

1. 近年の流行としての「内容」

　小学校から高等学校まで12年間、必修教科として位置づいている体育は、実に1200単位時間もの貴重な時間を割いて行われている。体育で子どもは何を学ぶべきかという「内容」を検討するのは当然のことである。ところが、スポーツ・ダンス・体操といった運動を実技によって学ぶ体育は、一見すると活動的であり、そこで子どもが何を学んでいるのかを問われることは、これまで少なかったように思われる。与えられた運動を、教師の指示のままに行ったり、あるいは、やや放任気味で何となくゲームを行ったりする授業の存在を容易に思い浮かべることができるからである。
　こういった現状を改善しようと、体育で教えるべき「内容」を明確に限定する考え方が近年台頭している。それは高橋健夫［1989：13］やクルム［1992：9-17］が提唱した体育の「目標」と「内容」に依拠したものである。そこでは、体育で学ばれるべき「内容」として、技能領域、認知領域、社会的行動領域、情意領域の4つが示されている［岡出 2010：36-37, 岩田 2012：6-8］。

つまり体育では、技術を習得し、技能として発揮するために知識・理解を得たり思考・判断を促進したりする。その過程で、仲間と協力して学習を進める態度を養おうとしたのである。ただし、情意領域は常に目ざされるべき方向目標とされており、運動の楽しさ経験は「直接的な『学習内容』ではなく、むしろ、『技能』『社会的行動』『認識』の各領域の学習プロセスを通して生み出される」[岩田 2012：8]とされている。つまり、楽しさ経験は運動を行った結果として得るものととらえられている。

この「内容」のとらえ方は、昨今の学力低下の問題、さらには保護者へのアカウンタビリティを保証すべきであるという主張から大きく注目された。体育で何が学ばれ、どのような成果が上がっているのかを、誰の目からみてもわかるようにすべきという社会からの要請に応えようとしたのである。具体的にいえば、技能領域では、「空いたスペースに走り込んでパスをもらい、シュートを決めることができた」、認知領域では「空いたスペースに走り込めばよいことがわかり、状況を判断して動こうとした」、社会的行動領域では「そのために仲間と練習の仕方を考え、スペースに走り込む練習を協力して行った」という「内容」が設定される。そして、これらを学習することによって、子どもは楽しさ経験を得られるというのである。

2. 教師と子どものズレ

もちろん、技能領域、認知領域、社会的行動領域に関する学習は重要であり、こういったことが体育で学ばれることに異論はない。しかし、これらの「内容」は、子どもに学ばせたい事柄として教師目線で設定されているように思えてならない。生涯スポーツの実践力を育もうとする体育において、主体者は子どもであり、体育の「内容」は子ども側から考えられるべきではないだろうか。

先ほど紹介した男子のいるチームにとって、教師が設定した課題は、彼らが学びたい「内容」にはなっていない。教師が学ばせたいことと子ども

がやりたいことにズレがあるといえる。パスをつなぐよりもロングパスをした方が得点を獲得しやすい実態であるのに、わざわざパスをつなげる必要はないと判断した彼らの選択は、ある意味正しい。パスをつなげればミスが生じ、負ける恐れがあるからである。もしかしたら、相手チームは次の対戦の際、ロングパスを防ぐために、この男子へのディフェンスを強くするかもしれない。ロングパスが通らなくなった時にはじめて、パスをつないで攻める作戦は彼らにとって意味が見出されるのであり、「空いたスペースに……」というめあては生まれる。

　子どもは「相手チームに勝つ」という競争の挑戦欲求に向かってプレイしている。その過程で技能の向上、認知的な学習、社会的行動の必要性が生じ、これらに「内容」としての意味が付与される。人は技能領域、認知領域、社会的行動領域について学んだから楽しさを経験するのではなく、楽しさを求めて運動をするからこそ、それらが必要になり学ばれるのである。

第2節　子どもの立場からの「内容」

1. 2つの側面から「内容」をとらえる

　それでは、子どもにとって学ぶべき「内容」をどのように考えればよいのであろうか。永島［2000：52］は「一般的な体育の学習内容論では、学習内容としての運動は、単元として取り上げられる運動種目をさし、さらにはこの運動種目の技術、ルール、マナーをさしている」が、これでは「内容」のとらえは狭すぎるとしている。その理由として、そういった学習では「運動（種目）の仕方は学べるかもしれないが、その運動を生活の中でどのように取り上げ、どのように取り組み楽しむのか、この意味での運動生活の学習が欠けている」ことを挙げている。具体的には、行う種目の目標のもち方、計画の立て方、実施の仕方、評価・反省の仕方を学ぶべきであるとして、体育の「内容」は運動種目それ自身と、その運動種目の生活

の仕方・進め方の両面からとらえるべきであると述べている。また、松田[2008：94-95]は体育の「内容」について、「スポーツや運動がもつ人間にとっての意味や機能の側面と、各スポーツ種目や運動を構成している諸要素、つまり運動の技術、ルールおよびマナー、そして安全にかかわる内容の側面との、2つから大きくとらえる」必要があると述べている。

　両者はともに、運動には人間の生活や社会においてどのような意味があり、機能を果たすのかという視点から、子どもが学ぶべき体育の「内容」を述べている。生涯にわたって運動を自分にとって大切なものとして実践していくためには、行う運動の仕方だけを「内容」ととらえて学ぶだけでは十分ではない。行う運動は私にとってどのような機能があるのかを理解し、大切になった運動をいかに実践していくのかという運動生活の学習も「内容」として扱う必要があるというのである。それらは別々に存在して学ばれるのではなく、実際に運動を行う中で、1つのまとまりをもって学ばれるべき「内容」といえる。そこで、ここでは、運動生活の学習と運動種目の学習という2つの側面から「内容」について検討し、さらには、近年その必要性が高まっている、「みる」「支える」学習の必要性についても述べる。

2. 運動生活の学習

　この世界から、すべての運動がなくなってしまったらどのような社会になるであろうか。運動をして楽しむことはできないし、ひいきの野球チームの応援もできない。健康状態は悪化し、きっとストレスはたまる一方である。何と寂しく、不健康な社会になってしまうのであろう。しかし、日々運動に囲まれて生活しているのが私たちの現実であり、それは運動の存在が、確かに私たちの生活を豊かにしてくれているからである。運動という文化が存在している社会を豊かに生きていくためには、運動が私たちに及ぼす機能を知り、その大切さの理解に寄与する授業が行われなくてはならない。

　それでは、運動にはどのような機能があるのかを考えてみよう。宇土

［1988：37-39］は、運動にはスポーツのように相手や記録などに挑戦したいという欲求と、ダンスのように自分でない何者かになりたいという模倣・変身欲求を充たす機能があると述べている。また体操には、健康に生活するという必要を充足する機能があるという。こういった運動の機能が存在し、その欲求や必要を充たそうとするから、私たちにとって行う運動に意味が生じるといえる。

　しかし、運動がもつ機能を理解したプレイヤーにとって、行う運動が大切になったとしても、それをうまく実践できないことはある。例えば、ハンドボールをしたいが、どこにいったら仲間がいるのか、どういった練習を行えば上達するのか、大会に出場するにはどうしたらよいのか……、といった諸問題が壁となるかもしれない。また、将来健康的に生きようとした時に、どんな運動を行えば全身持久力は向上するのか、どのくらいの頻度でどのような行い方をすれば効果を発揮するのか、といった体操の仕方を知らなければ、実践することは困難である。こういった運動生活の仕方・進め方の学習が保障されないのであれば、運動の欲求や必要を充たすことはできない。

　決して将来の準備のためだけに体育はあるのではなく、行っている授業そのものが生涯スポーツの1ページでなければならない。そう考えた時、教師から与えられた課題に取り組む体育では十分ではない。子どもが運動に主体的に取り組む中で、運動生活の学習を実践することが、まさに生涯スポーツの実践そのものであり、そのくり返しにより実践力をさらに高めていくと考えられる。

3．運動種目の学習

　一方で、行う運動の技術、ルール、マナーを学ぶことは大切な「内容」である。それぞれの運動には他の運動とは異なる技術やルールが存在しており、それがその運動のおもしろさを規定しているといっても過言ではない。そして、ルールほどは厳密ではないが守ることがよいとされるマナー

```
┌─────────────────────────────────────────────┐
│     おもしろさ、意味、機能（欲求・必要）         │
│  ┌─────────────────────────────────────┐    │
│  │  運動生活の学習        運動種目の学習    │    │
│  │  ・目標のもち方        ・技術・戦術の習得 │    │
│  │  ・計画の立て方        ・ルール、マナーの遵守│  │
│  │  ・実施の仕方          ・仲間との協同    │    │
│  │  ・評価、反省の仕方など ・ルール、作戦、場の工夫など│
│  └─────────────────────────────────────┘    │
│          スポーツ・ダンス・体操                │
└─────────────────────────────────────────────┘
```

図1　体育の「内容」

出所：筆者作成

の学習も大切である。ルールブックには、「相手がいるからプレイできるので感謝しよう」とは書かれていない。しかし、例えばラグビーにはノーサイドの精神があり、先程まで激しい身体接触をしていたにもかかわらず、ゲームが終わればお互いの健闘をたたえ合うマナーが存在する。

　決して技術を習得するためだけに体育で運動を行うわけではないし、ルールやマナーを守るためだけに行うわけでもない。ハンドボールにおいて、相手に勝ちたいという挑戦欲求を充たすためには、新しい技術を習得したり、作戦を遂行するための練習をしたりしなくてはいけない。その際、どうやったら勝てるのかを仲間と共に練り上げる思考・判断は必要であるし、ルールに則り、マナーよくプレイしなければ、勝ったとしても後味が悪くなる。すなわち、子どもが行う運動の欲求や必要を充たし、自身にとって大切な運動とするために、技能領域、認知領域、社会的行動領域の学習は必要となってくるのである。

　ここで留意したいことは、運動生活の学習と運動種目の学習が統合化されなくてはいけないということである。図1に示すように、子どもが運動のおもしろさを求めて主体的に運動種目に取り組み、目標のもち方、計画の立て方、実施の仕方、評価・反省の仕方を学ぶには、技術、ルール、マ

ナーといった運動種目の学習は欠かせない。つまり、行う運動を丸ごと学ぶのである。

　他方、地域における運動遊びの減少から、子どもが転んだ時に手を着けずに顔を怪我するという事案が報告されることはある。また、子どもの体力・運動能力の低下から、昔ほどには難しい運動に挑戦できない子どもの増加も指摘されている。安全に留意して運動を行う学習は、以前にも増して大切な「内容」の1つとなっていることも忘れてはならない。

4．「みる」「支える」学習の必要性

　さて、ここまでの「内容」の検討は、どちらかといえば「する」ことに偏っていたと思われる。しかし、近年、「みる」「支える」という観点から運動を楽しむ人は増加しており、その需要は高まっている。例えば、オリンピックやサッカーW杯をテレビ観戦したり、プロ野球やJリーグの試合を熱心に応援したりすることは多い。また、マラソン大会の運営にボランティアとして関わったり、指導者として少年スポーツに関わったりする人も少なくない。このように「みる」「支える」ことを楽しんでいる人は、「する」ことを楽しんでいる人と同様、まさに生涯スポーツの実践者といえる。

　しかし、「みる」「支える」という実践は問題も抱えている。例えば、オリンピックにおいてメダル競争に躍起になったり、スポーツ観戦の最中に出たゴミを放置したりすることはないであろうか。スポーツ大会運営のボランティア集めにはどこも苦慮しているようであるし、少年スポーツにおける指導者による体罰問題は跡を絶たない。こういった諸問題から、私たちの社会における運動を「みる」「支える」力はまだまだ未成熟であり、体育で学ばせたい「内容」といえる。

　運動を行う過程で「みる」「支える」を意識化して学習を展開することはできる。中学校・高等学校では体育理論領域において、これらを客観的に学ぶこともできるはずである。こういった「内容」の必要性を認識して教師が授業を行っていくことは、生涯スポーツの実践力を培うために、今

後ますます重要になると思われる。

第3節　ジョギングの実践から「内容」を考える

1. 授業の実際

　ここでは、樺山ほか [2010：42-45] のジョギングの実践を紹介しながら、これまでに述べた「内容」について考えてみたい。通常の小学校では、持久走として実践されることが多い長い距離を走る運動は、子どもに不人気な運動の代表格である。樺山は、子どもにとって、長い距離を走る運動にはどういったおもしろさがあるのかを考え、持久走としてではなく、多様な楽しみ方を認めるジョギングとして実践を行った。つまり、子どもから長い距離を走る運動のおもしろさをとらえ直し、子どもが見出したおもしろさに触れる実践を行ったのである。

　具体的には、自分にあったペースで最大15分間を走ることを提示し、欲求の充足のために、コースを選択して走る楽しさ、音楽を聴きながら走る楽しさ、友だちと会話をして走る楽しさを味わえるように、**表1**（次頁）に示した単元を計画した。また必要の充足の観点から、単元の始めと終わりに20mシャトルランテストを実施し、その結果を子どもにフィードバックしたり、エイドステーションで水分補給をしたりした。さらに、ICT機器を用いて自身の走ったペースを確認した。

　持久走のまとめとして行われることが多い持久走大会は実施せず、子どもと相談の上、単元の最後にジョギング・ピクニックを行った。小学校から近くの海辺まで往復4kmの道のりを、ナップサックに水筒と軽食を入れ、友だちと会話をしながら走ったのである。

　ここでの子どもは、運動生活の学習として、めあてをもち、教師とともに学習計画を立て実施し、学習をふり返っている。さらに、運動種目の学習として、例えば自分のペースで走れば長い距離も走り通せること、ICT

表1　単元指導計画全6時間15モジュール（1モジュール：15分）

	オリエンテーション	ねらい1		ねらい2		ジョギング大会	事後
時　数	1	2	3	4	5	6	
モジュール数	3	1	2	3	3	3	
学習活動	・単元のねらいと道筋を知り、学習の見通しをもつ。 ・体つくり運動の中の走る運動であることを理解する。 ・持久走の効果について理解する。 ・事前に20mシャトルランを行い、今できる力を知る。 ・質問紙調査を実施する。	・自分にあった速さをつかみ、気持ちいい走りを楽しむ。 5分間走 鉄棒運動と組み合わせ	10分間走	・身につけた力をもとに、距離や時間に挑戦したり、友だちと走ったりして楽しむ。 10～15分間走 エイドステーション設置		・ジョギング大会を企画・運営して楽しむ。	・20mシャトルランを行い、学習の成果を確かめる。 ・質問紙調査を実施する。

機器から得たデータを活用しながら自分のペースを見つけて走ろうとすること、仲間とともに励まし合って走ることも学んでいる。つまり、この実践は、運動生活の学習と運動種目の学習の統合が図られており、子どもはジョギングという運動を丸ごと楽しんだといえる。

2．Y子の姿から

今回の実践では、ジョギングに対する子どもの「態度」は有意に向上し、また20mシャトルランテストの数値も有意に向上した［佐藤他 2011：1-10］。態度が好意的になったということは、子どもが楽しみ、自身の欲求を充たしながらジョギングを行っていたということである。また、20mシャトルランテストの数値が向上した事実から、必要充足の運動としてもジョギングの可能性が見出されたことになる。

ここでY子の変容を紹介したい。Y子は運動が苦手であり、単元当初はジョギングの学習に消極的であった。彼女は実践が始まる前に、「私は走ることが嫌いです。苦しくなるし、楽しくありません」と述べていたが、オリエンテーション後は「音楽が聴ける、自分の記録がわかるなどを聞いて、何だか楽しみになりました」と期待感を示すようになった。単元が進むにつれてジョギングに意欲的に取り組むようになってきたY子であるが、体調を崩して欠席したことがあった。その日の日記に「私は学校へ行ってジョギングがしたいと思いながら寝ていました。早く元気になって学校へ行くぞ」と記している。さらに、単元終了後の月曜日の日記には、「昨日、お母さんと10km走りました。歩いたり走ったりで足が棒のようになり痛かったけれど、楽しかったです」と週末に家族で長い距離に挑戦した様子を担任に報告した。この実践を通して、Y子にとってジョギングは大切な運動となり、その実践者としての第一歩を踏み出したといえる。

ジョギング・ピクニック

おわりに

　冒頭で紹介したハンドボールとこのジョギングの実践との違いは、体育の「内容」に対する教師の理解の相違により生じている。どれだけ経験を積んでも、体育の「内容」を運動生活の学習と運動種目の学習の両面から考えないのであれば、きっと前者のような授業が繰り返されると思われる。
　教師が学ばせたい事柄を「内容」として子どもに一方的に提示しても、

子どもにとってその運動はおもしろいものではなくなる危険性があり、子どもの側から「内容」は検討されるべきであろう。子どもがその運動の何におもしろさを感じているのか、何を学ぼうとしているのかに耳を傾ける作業が教師には求められており、その作業の有無によって、ハンドボールのような実践になったり、ジョギングのような実践になったりすると考えられる。私たち教師が、運動生活の学習と運動種目の学習が統合化された授業を仕組むことによってはじめて、子どもにとってスポーツは大切なものとなり、生涯を通じてスポーツを実践する力が培われるのである。

引用・参考文献

岩田靖『体育の教材を創る』大修館書店、2012年

宇土正彦「運動の特性」宇土正彦、松田岩男編集『学校体育用語事典』大修館書店、1988年

岡出美則「体育の目標と内容」高橋健夫、岡出美則、友添秀則、岩田靖編著『新版 体育科教育学入門』大修館書店、2010年

樺山洋一、佐藤善人「走るって、本当は楽しいことなんだね」『体育科教育』58巻6号、大修館書店、2010年

佐藤善人、樺山洋一「小学校体育における持久走に関する研究——『機能的特性』に依拠した授業における児童の態度と持久力の変容」『ランニング学研究』23巻1号、2011年

高橋健夫『新しい体育の授業研究』大修館書店、1989年

永島惇正「体育の内容」宇土正彦、高橋稔、永島惇正、高橋健夫編著『新訂体育科教育法講義』大修館書店、2000年

松田恵示「『楽しい体育』の目標・内容・方法・評価」全国体育学習研究会編『「楽しい体育」の豊かな可能性を拓く』明和出版、2008年

Crum, B., "The critical-constructive movement socialization concept," *International Journal of Physical Education*：19（1），1992.

第3章

体育の「方法」

はじめに

　体育の授業を行う際に、どのような方法が考えられるであろうか。他教科と違い、体育は校庭や体育館といった広い空間での学習となる。また、身体を媒介にしたさまざまな活動が行われる。そのため、学校現場では「体育学習がしっかりできると学級経営に生きる」「学級経営がしっかりしていないと体育学習は成り立たない」などといわれることがよくある。授業は、マニュアルに従って行うものではない。10の授業があれば、10通りの授業が存在する。しかし、豊かな学びがある授業を創るためには、いくつかの知識や方法を身に付けることが大切である。

　本章では、体育の授業における、子どもたちに付けたい力、学習過程や学習環境、学習資料や授業の構成、学習内容について概観し、体育の「方法」について考えていく。

第1節 体育学習で大切にしたいこと

1. 子どもとともにつくる授業

　体育は技能教科である。陸上運動であれば、より速く走り、より高くより遠くに跳ぶことが求められ、器械運動であれば、できなかった技ができるようになることを目標にしがちである。もちろん、技能習熟やできなかったことができるようになることは、大切ことである。さらに、子どもたちの体力低下が叫ばれる昨今である。まずは、体育の授業でたくさん体を動かすことを保証し、健康で健やかな身体をつくっていくことが大事だ、という考え方があるかもしれない。しかし、体育の学習では、「運動ができるようになること」や「体力をつけること」のみを目指すものなのだろうか。

　もし、その実現を体育の学習で目指すのであれば、教師は効果的な習得方法を伝え、子どもたちは繰り返してそれを練習したり、ひたすら運動したりしていけばよいのである。しかし、そのような授業は、学習というよりはむしろトレーニングのような印象を与える。

　体育は教科学習である。子どもたちは授業を通して、仲間と豊かに関わりながら運動するおもしろさに浸り、そして少しずつ変容していくことが求められる。そのためには、まずは、運動すること自体を楽しみ、その子なりの力で挑戦したり表現したりしながら、仲間とともに活動をしていくことが大切である。誰かにやらされるのではなく、「やってみたい」と思いながら運動を楽しむ学習を創っていきたいものである。子どもたちが切実性をもって学び、自発的に運動に取り組む過程の中で、教師が的確に関わったりアドバイスしたり、時には指導性を発揮したりしながら学習を進めていけば、子どもと教師がともにつくっていく授業が実現し、そして、多くの子どもたちが「運動大好き」になるのではないだろうか。

2. 体育学習で付けたい力

　そもそも体育学習で子どもたちに身に付けたい力とは何であろうか。例えば、運動することを通して体力を付け、健康を維持増進することや、グループ学習を通してコミュニケーション力を伸ばし、社会性を身に付けていくことは、体育の大きな目標であろう。いわば、体育という教科を手段として、身に付けていく力である。しかし、それだけではない。体育の学習においては、運動すること自体を楽しんだり夢中になって体を動かしたりすること自体が目的であるという見方もできる。運動することのおもしろさに浸り、その中で変容し、技能が向上していく楽しさを知ることは、生涯にわたってスポーツに親しむ資質を培う上では最も重要なことである。これは、運動すること自体を目的とする考え方である。

　このような議論は、他の教科においても存在する。例えば「なぜ算数を学ぶのか」という問いに対して「生活していく上で欠かせない」と考えると手段的であり、「筋道立てて考えるおもしろさを学ぶため」だと考えると目的的である。体育を通して学ぶことと、体育そのものを学ぶことの両者の視点が存在してこそ、充実した体育学習が実現するのではないだろ

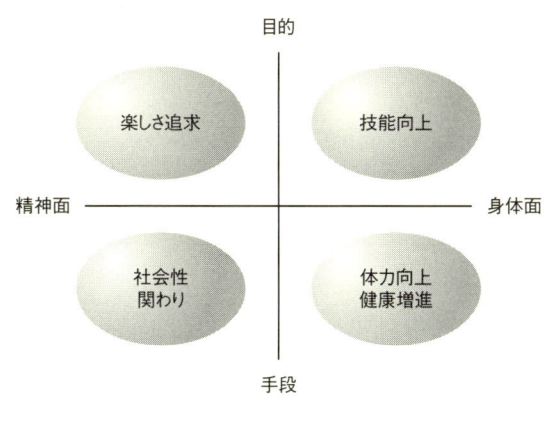

図1　体育科で身に付けたい力

出所：筆者作成

か。特に小学校の体育学習では、まずは子どもたちが夢中になって運動に取り組む姿を目指し、そのプロセスもしくは結果において、運動することが好きになり、仲間との関わりが生まれ、体力も付き、健康的な生活を送ることができるようになることを期待したい。

第2節　学習過程と学習環境

1. 学習過程の考え方

　子どもたちが自主的に運動と関わり、運動を「楽しむ」ためには、何が必要だろうか。運動を楽しむ時に何よりも重要なのは、それを行うプレイヤー自身がどのような魅力をその運動に見出すのかである［鈴木他編著2011］。運動の特性の捉え方によって、学習過程の具体化が方向付けられる。学習のスタートは、子どもたちが「今もっている力」で運動を楽しむ段階でよい。そして、工夫したり思考錯誤したりする中で、より高まった状態になり、その状態でまた運動を楽しむという連続性が、学習過程に具現化されるよう工夫されるべきだ。

　そのためには、教師は目の前の子どもたちがどのように運動の特性を捉え、「今もっている力」で取り組んでいるのか、そしてどのように工夫したり考えたりしながら「より高まった力」で運動を楽しもうとしていくのかという観点で検討し計画を立てることが大事である。

2. 切実性をもたせる学習過程

　器械運動の跳び箱運動には、開脚跳びや台上前転などの技がある。助走から踏み切り板を強く踏み切り、跳び箱を跳び越したり回転したりして着地する一連の動きに向かい、子どもたちは挑戦をする。しかし、挑戦課題が「できる」か「できないか」のみであるとすると、技ができたとたんに

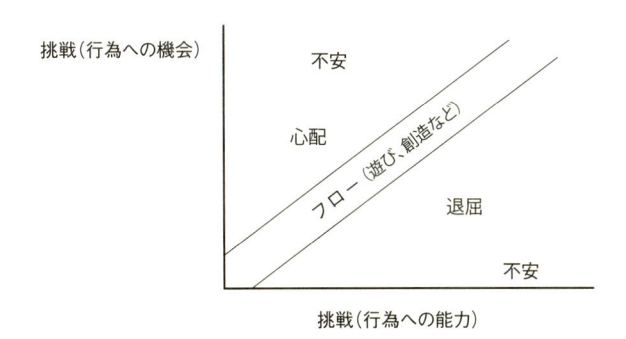

```
挑戦(行為への機会)
　　　　　　　不安
　　　　　　心配
　　　　　　　　　(遊び、創造など)
　　　　　　　　フロー
　　　　　　　　　　　　退屈
　　　　　　　　　　不安
　　　　　　　　　　　　　　挑戦(行為への能力)
```

図1　フロー理論のモデル
出所：［チクセントミハイ 1979］をもとに作成

満足しやめてしまうかもしれない。「できた」で終わりではなく、「より美しく」「よりダイナミックに」という課題をもち、運動し続ける姿を期待したい。子どもたちは、自発的に運動に夢中になると、よりおもしろくしていこうとする。おもしろくするためには、少し難しい課題に取り組むと、それが持続する。この状態を表しているのが、チクセントミハイ（Mihaly Csikszentmihalyi 1934～）が提唱する「フロー理論」である。

　フローとは、活動に没頭・没入し、その楽しさを十分に感じている状態である。運動に夢中になると、時間を忘れて取り組むがこの状態がフローである。跳び箱の授業であれば、まずは技に取り組むこと自体に楽しさを感じることが保障されていれば、子どもたちはそれぞれの力に応じて夢中で取り組むようになる。できるようになると、やがて飽和状態になる。この時、挑戦課題を少し上げると再びフロー状態になる。このような連続性が学習過程の中で仕組めれば、子どもたちは夢中になって跳び箱運動を楽しみ、技能も身についていくだろう。

3．学習環境

　学習環境を整えることは教師の営みの中で中心的なものである。体育学

習の場合は、特に「場づくり」は大変重要である。場づくりにはいくつかの要素がある。まずは子どもたちの学習を支え、効果が出ることをねらったものがある。例えば、マット運動の後転に取り組む学習において、マットの下に跳び箱の踏み切り板を置いて坂道を作ると、回転の勢いを作れない児童は、回りやすくなる。また、子どもたちの認知学習を促す場もある。ハードルを越す時に、グループの仲間に踏み込み位置や着地位置に紅白玉を置いてもらうと、自分の姿を客観的にふり返ることができる。このような教具の活用も、場づくりの要素といえる。

　また、学習資料の活用は、大きな効果を生む。最近は、校庭や体育館でも黒板やホワイトボードを活用して授業が展開されることは珍しくない。掲示ボードを活用して、学習の流れを示したり、ボールゲームであれば対戦順や場所が一目でわかるような工夫がなされたりすることは、効率的なマネジメントを促すことにもつながる。また、技術ポイントを示す掲示資料や学習カードは、児童が自主的に学習を進めていく姿をうむ。さらに、子どもたちが見付けたコツやポイント、工夫をカードに書いて掲示していくような工夫は、学びの履歴として活用され、与えられる授業ではなく子どもたちが教師とともにつくっていく体育学習の実現につながっている。また、近年の傾向として、デジタル教材等ICTを用いた実践も多い。タブレットを使用し、自分たちの演技やゲーム様相を撮影してふり返りに使ったり、つまずいたところをどのようにすれば克服できるかについて情報が得られる教材アプリを活用したりする授業も散見される。

　ここで大事にしたいことは、ICTを活用することを目的とするのではなく、必然性をもって活用するような手だてを仕組むことである。子どもたちが、「自分の技を客観的に見てみたい」「作戦がうまくいったかを映像で分析したい」という思いがあってこそ、ICTは効果的に活用できる。

第3節 体育の授業づくりの実際

1. 授業における教師の役割

　体育学習は、広い校庭や体育館での授業であるため、教師にはそれなりの指導技術が求められる。まずは、子どもたちをしっかりと掌握することが大事である。例えば、指示の出し方1つにおいてもわかりやすいものでなければならない。何より、長い指示は伝わらない。短く簡潔に伝える必要がある。また、はっきりと伝えないと、子どもたちが何をしてよいのかわからなくなる。

　そして、広い空間で活動することを考えると、できる限り先の行動まで指示をしておくとよい。例えば跳び箱の準備をグループごとにした場合、かかる時間はグループによってさまざまであることが予想される。準備が終わったら何をすればよいのかを示したり決めておいたりしないと、子どもたちが何をしてよいかわからず、指示を追加しないとならなくなる。はじめから、「準備が終わったら再度集合して他のグループが終わるのを待つ」とか「他のグループを手伝う」「安全に気をつけながら跳び始めていてよい」といった指示をしておけば、授業の展開はスムーズになるであろう。もちろん、指示がなくとも自主的に動いていける子どもたちに育てていきたいものであるが、そうしていくためにも、指示の出し方などの「授業の基礎基本」は押さえておくべきである。

　また、子どもたち1人ひとりのめあてを把握し、つまずいているところに気づいて的確なアドバイスを与えたり、時には子どもたちの力を信じて意図的に委ねたり、うまくいった時には称賛するような教師行動も求められる。明るい雰囲気を教師が率先して作り出し、メリハリがある授業を演出していくことも教師の力だといえる。そのためには、子どもたちを励まし、がんばっていることや工夫しているところを見とり、肯定的な声かけをすることが大切である。教師がこのようなスタンスでいれば、大きな声

で号令をかけたり、何度も整列をやり直させたりしなくても、児童をしっかりと掌握しながら授業を展開していくことが可能になる。

2．体育の授業の仕組み

　上記のような心構えに加え、教師は授業の仕組みや構造をしっかりと理解しておく必要がある。

　体育の学習は、実にさまざまな活動場面がある。授業前後には、着替えの時間が必要である。用具の準備や片付けの時間も必要であり、役割分担して協力的に取り組ませたり、かなり効率的に授業を構成したりしていかないと、十分な授業時間を確保できないことになる。ただ運動するだけでなく、ボール運動であればチームで作戦を考えたり、器械運動であれば、コツや技術をグループで見つけて教え合ったりする場面も設けたい。見つけたコツや工夫を発表し合う場面も必要だ。

　例えば高橋らは、体育の授業場面を以下の4つに分けて捉えている。教師がクラス全体の子どもに対して説明や指示を与える場面である「学習指導場面」、移動や待機、用具の準備や片付けを行う「マネジメント場面」、グループで話し合ったり学習カードに記入したりする「認知学習場面」、そして、実際に体を動かす「運動学習場面」である［高橋他編著2003］。

　マネジメント時間が長くかかると、運動したり話し合ったりする時間が少なくなる。教師の学習指導が長すぎても、子どもたちは飽きてしまう。1単位時間をすべて運動し続けたとしたら、運動量は確保できるが、何を学んだのかは不明確である。十分な運動時間を確保しつつ、効果的に認知学習の時間を取り入れることや、的確な学習指導を行うことも必要である。準備や片付けの分担や、集合場所などの約束事をつくっておくことは、マネジメント時間を少なくすることにつながる。もちろん、単元学習の最初の方では丁寧に確認していく内容も多いのでマネジメント時間は長くかかる。しかし後半では、子どもたちが準備や片付けを自主的に行うようになって時間が短くなるはずだ。認知学習にしても、必ず入れなくてはなら

ないという考え方ではなく、子どもたちが必要としているから設定する、というような切実性を伴うものでありたい。

3. 学習形態

　身体活動が中心となる体育の学習では、どのような学習形態を取るのかが大きなポイントになる。教師が指示を出して、子どもたちがそれに従って活動をするようなスタイルは、「一斉学習」と呼ばれる。

　「一斉学習」では、当然子どもたちは共通した内容や課題を行うため、教師主導で授業が展開されていくことになる。そのため、子どもたちの自主性を伸ばしたり、お互いに教え合ったりするような姿が期待されにくい面がある。また、すべての子どもたちを教師が引きつけていないと成立しないという点からは、集団を指導するという意味でかなりの力量が必要である。

　「一斉学習」に対して、子どもたちを何人かに分けて活動に取り組ませる形態がある。少人数で学習をしていくため、機能的に授業を進めることが可能となる。ただ、授業形態がいくつかの小集団で行われるように構成されていたとしても、それがどのように機能しているかによって以下の2つに区別できる。

　まずは「班別学習」である。一斉学習は、教師が学習集団全体を指導するため、活動が画一的になったり、個に応じた対応が難しくなったりするが、「班別学習」では、子どもたちが小人数に分かれることで、学習効率を上げることができ、教師は個別対応もしやすくなる。「班別学習」では、運動技能などの能力別という基準で構成させる場合がある。しかし、あくまでも少人数で行うことが目的とされており、教え合い活動や学び合い活動といった班の中での交流は求めないのが特徴である。

　小集団による学習には「グループ学習」と呼ばれるものもある。この学習形態は、子どもたち同士が関わり合いながら学ぶ姿が期待される。技術を媒介にしたコミュニケーションを取り、ともに問題解決したりうまく

なっていったりすることが期待される。当然、子どもたちに任せっきりにしては、学習成果が出ないことも予想される。そのため、どのようにグループ学習を進めていくのかについての丁寧な指導が求められる。特にグループで学ぶ中身を明確にする必要がある。例えば跳び箱学習であれば、「手の付き方を見合う」とか、「強い踏み切りができているかを評価し合うために音をよく聴く」というように、グループで何を見合うのか、何を発見させるのかについて教師が明確な見通しをもっていなければならない。そうでないと「はいまわる学習」に陥ることもある。

　さらに、教師が子どもたち1人ひとりに指導し、個々に学習をさせていく「個別学習」という形態もある。個に応じた指導が実現するという視点からいえばとても効果的な形態であるが、集団が形成されないため、教え合い、学び合いといった子どもたち同士の相互作用は望めない。

　以上のように、さまざまな学習形態が存在するが、大切なことは、「学習形態が先にありき」ではなく、学習のねらいを達成するために形態が選ばれていくことが大切である。個のめあてを大事にして、自分の課題に応じて場を選んだりステップアップの方法を選んだりするような姿を目指すのであれば、同じようなめあてをもつ者でグループを組んだ方が効果的だろう。学級における共通の課題を解決するために、コツや工夫をグループで発見し合うような姿を目指すのであれば、さまざまな能力の子どもが存在する異質のグループを構成するべきである。単元のはじめは一斉学習でスタートし、途中から班別学習やグループ学習の形態にしていくような流れも考えられる。何を学ぶのかによって、適切な形態を選んだり組み合わせたりして授業を構成していくことは、教師の重要な実践力である。

　一方、最近はアクティブラーニングが注目され、体育のグループ学習においても、その実現の場として活用される傾向がある。例えば、1つの手法であるジグソー法を用いたグループ学習は、グループにおける技能向上や子ども同士の関わり合いが深まるという点で期待される。このようなグループ学習の方法も、やはりその学習で何をねらうのかが先にあり、それを実現するために適切な方法であれば取り入れるという姿勢が大切である

ことはいうまでもない。

4. 学習規律

　先述の通り、体育の学習では子どもたちが活発に動き回る。移動したり準備や片付けをしたりする時間も必要である。こうしたさまざまな活動がスムーズに流れ、しっかり学習として成立している授業には「学習規律」が存在している。それは、教師の指示のみで子どもたちが動いている姿を指すものではない。むしろ、子どもたちが自主的に動き、教師の指示や説明はほとんどみられない。こうした姿が授業でみられるようになるには、どうすればよいのか。

　そこには、ともに学んでいく上での約束事が決められ、子どもたち1人ひとりが役割を果たしていくような周到な準備が施されている。年度の当初や単元学習のはじめの段階で、丁寧なオリエンテーションによって「学び方」の学習をしっかりとすることが大切である。準備を協力して素早く安全に行えば、その分たくさん運動したり話し合いをしたりできるようになることや、1人ひとりが約束事をしっかりと果たしていくことが大事であることを共通理解させ、その気持ちを継続していくように心がけていくことが重要である。

　学習規律が整っている授業においては、教師は子どもたちの関心を大いに引き出し、明るい雰囲気を作り出し、そして1人ひとりのめあての達成を支えたり指導したりしていくことに力を注げるようになる。何よりも、学習の主体である子どもたちが、自分たちの学びを自分たちで創っていくことが実現できるであろう。当然、こうした部分は授業の前提である。それが整ってこそ、学習内容に迫っていくことができるのである。

5. 体育における学習内容

　体育の学習では、バスケットボールやサッカー、ソフトバレーボール、

勝つために作戦を考えよう

⇓

シュートが決まるときはどんなときだろう？

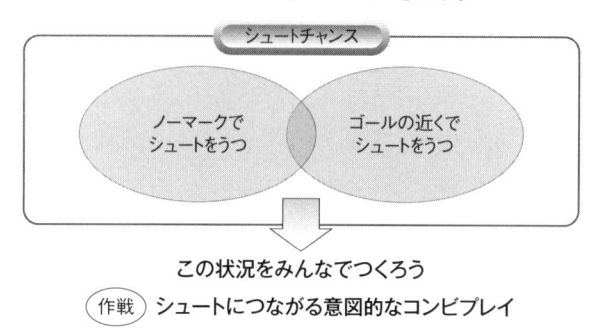

```
┌─────────── シュートチャンス ───────────┐
│                                              │
│    ノーマークで        ゴールの近くで         │
│    シュートをうつ      シュートをうつ          │
│                                              │
└──────────────────────────────────────────────┘
```

⇓

この状況をみんなでつくろう

（作戦）シュートにつながる意図的なコンビプレイ

図2　作戦の定義

出所：筆者作成

セストボールといったボールゲームを行うことが多い。そこでは、ボール操作や動き方を学ぶことが目指されるが、本質は、子どもたちが夢中になってゲームを楽しむ姿が実現することだ。しかし、ただ夢中になってゲームをするのであれば、休み時間や放課後の時間に行うゲームと差異はない。ボール運動の学習では、何が目指されるのだろうか。

　現在の学習指導要領では、「ボールを持たない動き」を学ぶことが明記されている。子どもたちがゲームに慣れ、授業が進んでいくと、子どもたちに作戦を考えるように投げかける時がある。特に手だてを踏まずに自由に考えさせると、「とにかくがんばる」とか、「みんなでパスを回し合う」という作戦が出てくる。これは、どちらかというとチームのスローガンのようなものであり、作戦とは少し違う。例えば、子どもたちに「シュートが決まる時はどんな場面だった？」と投げかけてみたとしよう。ゴールに入れて得点を目指すようなゲームの場合、たいていは「自分の前に相手がいない時（ノーマーク）」と「ゴールの近くでシュートした時（ゴール近く）」という答えが返ってくる。つまり、「ゴールの近くで、ノーマークで

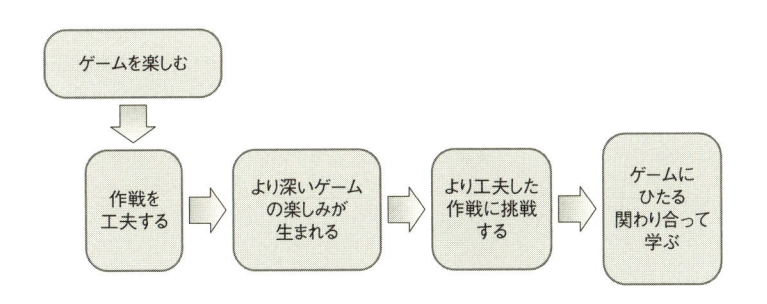

```
ゲームを楽しむ
  ↓
作戦を工夫する → より深いゲームの楽しみが生まれる → より工夫した作戦に挑戦する → ゲームにひたり関わり合って学ぶ
```

図3　ゲームにおける作戦の意味

出所：筆者作成

シュートすると得点が取りやすい」ということに気づかせていくわけだ。そして、このような状況を仲間と協力して意図的に作り出す工夫をすることを「作戦」と呼ぼう、と定義してから考えさせると、子どもたちはアイデアを出し合い、試すようになる。作戦がうまくいくと当然うれしいだろうし、相手に阻まれると、別の作戦を考えるようになる。こうして、ゲームへの没入状態が継続し、意図的なコンビネーションプレイがみられるようになり、ゲーム様相が変容する。これがボールゲームの楽しさが深まっていく姿である。「作戦」をつくり、試し、うまくいくことで、よりおもしろい世界に子どもたちは誘われるのである。

　このように、学習内容を「作戦をつくること」と捉えるのであれば、授業の中で「作戦」の意味を明確にしたり、どのような作戦を考えさせたいのか教師が予想したり期待したりすることが大事である。もちろん、作戦を考えるためにゲームをするのではなく、ゲームを楽しみながら、より楽しさを深める上で作戦を考えて使っていくという道筋を忘れないようにしたい。そのようなゲームが実現すれば、ボール操作などの技能も伸びていくはずだ。

第3章　体育の「方法」

おわりに

　体育の授業を創ることは簡単なことではない。述べてきたように、さまざまな状況を想定して計画したり準備したりする必要がある。しかし、もっとも大切なことは、子どもたちにどのように学ばせていきたいのか、何を学ばせたいのかを明確にすることである。それなくして、方法は選べないからである。丁寧な授業設計のもとで取り組めば、運動の特性に触れながら夢中で活動し、豊かに関わり合う子どもたちの姿が期待できる。

参考文献

鈴木秀人、山本理人、杉山哲司、佐藤善人編著『小学校体育授業づくり入門』学文社、2011年

鈴木直樹、梅澤秋久、鈴木聡、松本大輔編著『学び手の視点から創る小学校の体育学習』大学出版社、2013年

髙橋健夫、岡出美則、友添秀則、岩田靖編著『新版体育科教育学入門』大修館書店、2010年

髙橋健夫編著『体育授業を観察評価する』明和出版、2003年

チクセントミハイ，M.(今村浩明訳)『楽しみの社会学』思索社、1979年

今村浩明、浅川希洋志編『フロー理論の展開』世界思想社、2003年

第 **4** 章

体育の学習評価

はじめに

　学習評価とは、学習によって生じた変化をある基準にそって判定し、どのように学習と指導を進めたらよいかを考える一連の過程である [宇土 1981]。また、このような学習評価には、収集したデータについて価値判断する為の情報を整理していく過程としてのアセスメント、集団や目標を基準にして学習を査定するエバリュエーション、学習者が学んだことをテストとその採点によって正確に測定するというメジャメント、評価した結果を数字や記号などに変換するグレーディングなどがある。これらの混同は、評価実践を混乱させており、Black & Wiliam [1998]、Terilliger [1998]、Wiggins [1998] や Hay [2006] が指摘するように、評価の相違を区別することが必要不可欠である。そこで、本章では、評価の相違を明確にした上で、体育における学習評価実践の手がかりについて示すようにしていく。

第1節 さまざまな評価
――メジャメント、エバリュエーション＆アセスメント

　日本では、グレーディング（Grading）も評価として使用される場合があるが、これは評価に基づいて記号によって成果を価値づける「評定」として区別をし、ここでの考察からは省略することとする。

1. メジャメント（Measurement）

　メジャメントは測定と訳されるが、Hopple［2005］は、「児童生徒がどれくらい学んだかを決定するためにテストし、その後、客観的にテストを記録すること」であると定義づけている。また、Linn & Gronlund［1995］は、「過程を不問にした結果に焦点化され、その結果を定量化するプロセス」であると述べている。つまり、メジャメントとは、定量的にあらわされ、主観を排除して正確に測定をした情報を得ることになる。したがって、信頼性と妥当性が求められ、代表的なものはテストによって「得点」として測定される。一方で、評価とは、客観的な情報や質的な情報を主観的な価値判断によって解釈することによって行われる。

2. アセスメント（Assessment）と
エバリュエーション（Evaluation）

　アセスメントとエバリュエーションについては、一般的に2つの視点から区別することができる。1つ目は、その目的である。アセスメントは、評価の対象となっていることについての情報を収集し、あるスタンダードに従いながら解釈していくことである。一方、エバリュエーションは、評価の対象の結果を価値判断し、「値踏み」することである。2つ目に、その時期である。アセスメントは、環境アセスメントに代表されるように、対象を評価し、その行為の方向性を特定していくような事前評価といえるようなものである。一方、エバリュエーションとは、ある一定のまとまり

を一定の基準に基づいて「値踏み」することであり [Melograno 1994, Tinning (et al.) 2001, Veal 1992]、事後評価といえるようなものである。

　以上のことから、学習を通して、質的かつ量的な情報を収集し、評価し、学習や指導が深まっていく中で、ある一旦のまとまりをもってエバリュエーションが行われ、そのデータも含めてさらにアセスメントをして、学習を深めていくといえる。そして、この繰り返しをある一定時期のまとまりをもって、記号や数字に変換してグレーディングと呼ばれる評定をつけているといえる。評価というと、値踏みの仕方であるエバリュエーションと、記号への置き換えであるグレーディングばかりが注目されてきた。しかし、これらを支えているのは、アセスメントであり、どうやって学びの履歴を収集していくかということと、その情報に出会いながら評価を行い、学習と指導を展開していくかということが大切である。

第2節　学習評価の機能

　このような違いこそあるものの、学習評価とは「学習者の能力や行動の現状や変化などの教育事象をとらえ、その学習者に対して何らかの目標（教育目標、指導目標、学習目標など）を基準に価値判断をすることによって有効な示唆を与えるための情報を得るもの」[高田 2002：119]と考えられている。すなわち、学習評価とは、「価値判断としての評価」とそれを学習や指導に生かす「問題解決としての評価」の両側面をもっており、その機能は、①学習者の自己理解・自己評価、②指導の確認と改善、③評定への活用の3つに整理することができる [宇土 1981]。

　　①児童生徒の、学習者としての自己理解・自己評価を助けること。
　　②教師自身の指導の成否を確認し、いっそう合理的効果的にする。
　　③指導要録の記載その他の必要を満たす上で活用する。

[宇土 1981]

Puckett & Black［1994］は、編みこまれた紐のように、学習、指導と評価のプロセスを一体のものとして考えることができると述べている。同様に、Stiggins［2002］は、評価は価値づけをするよりもむしろ学習を促す指導上のツールとなると述べている。また、Hopple［2005］は、学習のための評価は、指導や学習の後ではなく、それが行われている渦中の中で生起すると述べ、そのように、学習と指導と評価が表裏一体となったプロセスを"seamless"と表現している。このように良質な評価は、指導や学習と不分離な授業での教師や学習者の行為を支えるといえる。そこで、学習評価実践は、強く学習観に影響を受けるといえる。

　1980年代以降、二元論的に心と体を分離し、学習者と学びを分離し、主体と客体を分離するようなしていることに反論する構成主義的な学習観が台頭してきた。日本では、1998年の学習指導要領に、「心と体を一体としてとらえ……」と体育の目標に明記され、体育の原則として加わったところに、構成主義的な学習観へのパラダイムシフトをうかがいしることができる［鈴木2010］。Begg［2001］は、構成主義的な学習観から、「なっていくこと」のプロセスが、基本的な「学習」のプロセスであるとし、学習内容を構造化することを否定する。Davis & Sumara［2003］は、学習を分解することのできる複雑な構造を獲得していくことではなく、複雑な関係によって構成される学習内容を複雑なまま学び変化させていくことが学びであるとする。そして、Gunn［2001］は、「私達の感覚的知覚的なそして自己とそして、自己と他者、自己と世界、自己と文脈の間で認知的な（全身体の）相互作用」から学びが生成されると述べる。すなわち、構成主義の学習観は、学習を継続的に変化している世界に適応し、馴染んでいくプロセスであると捉える［Light 2008］。このように、体育の学習を技術や知識の定着ではなく、相互作用による生成として捉える立場への転換の中で、「技能に偏って評価されている」［高田1997］、「教師による評価に終始しがちである」［高田2002, 鈴木2003］、「評価の信憑性や妥当性が低い」［藤巻他2007, 鈴木2003］、「スキルやパフォーマンスを含めた結果を評価しがちである」［高田1997］といった問題が叫ばれるようになった。以下、学習評価の歴史を振り返りながら、

これからの学習評価のあり方について考えていきたい。

第3節 これまでの学習評価

1. 学習評価の過去

　これまでの学習評価の典型例となる評価場面を3つ提示する。

　1つ目は、小学校6年生のバスケットボールの単元の授業である。これは30年以上前に私が実際に受けた授業である。毎時間の授業は、技術練習からゲームを行う流れで進められていた。私は、課外活動では野球少年団に所属していたが、学校のクラブ活動ではバスケットボールクラブに所属し、部長を務めていた。

　そんなこともあり、他の運動種目よりもバスケットボールのプレーには自信をもっていた。実際に、ゲームの中ではリーダーシップを発揮してチームの中心的な存在として活躍することができていたと思う。そして、授業が進むごとに、バスケットボールの学習に対して自信を深めていった。

　単元の最後に実施されたテストでは、ジグザグドリブルのタイムとドリブルシュートやフリースローの成功率を測定するスキルテストが含まれていた。私は自信満々でテストに臨んだが、その時の結果は散々なものであった。その結果を突きつけられ、自信があったバスケットボールが下手だといわれているようで大変落ち込んだことを覚えている。そして、自分がゲームで発揮していた力を個別のスキルテストで測定されることに違和感を覚えたことを思い出す。

　2つ目に、中学生の時に、授業の1時間目に蹴上がりができたら、評価は5にするから、後は好きなことをやっていていい、と鉄棒運動の指導をされたことである。その時は、できればラッキーだと思っていたが、運動に意味を付与するどころか、一刻も早く好きなことができるようになろうと繰り返し活動している自分は、まるで仕事に取り組んでいるようであっ

第4章　体育の学習評価

たと記憶している。

　3つ目に、高校生の時のサッカーの評価である。ゲームを中心にしながら授業は展開していくが、評価はリフティングが100回できればOKというようなものであった。

　このような3つの事例は、今ではほとんど耳にすることもなくなった。しかし、一昔前は「フツー」の評価であったように思う。ところが、今でも私がこうやって何十年も前の出来事を鮮明に覚えているのは、学習の成果を評価するその方法に子どもながらに疑問を感じていたからなのかもしれない。

　ところで、この3つの例には共通していることがある。1つ目に、結果が優先されているということ。2つ目、学習したことを別のことに置き換えて価値判断しているということ。3つ目に、成績をつけるためのテストを評価として実施しているということ。したがって、このような時代には、体育でもテスト開発に高い関心が集まり、正確に身体能力を測定することに興味関心が置かれていたように思う。

　しかしながら、「不自然な評価（Contrived Assessment）」との指摘があるように [Hopple 2005]、今日の教育界ではこのような評価を否定的に捉えるようになってきた。成績のために行う評価は、体育授業の本質的な学びを見失わせ、学びを意味付けることに対して機能不全をもたらしている。

2．学習評価の現在

　このような状況の中で現在、「不自然な評価」を脱却し、「真正の評価」を実現すべく、取り組みが展開されてきている。その中で、特徴的な3つの実践を紹介する。

　1つ目に、授業のまとめの場面でみられる「学習カードの記入」が挙げられる。この学習カードには、毎時間の成果（記録、出来栄えや感想）が学習記録として残されている。このような学習カードの工夫は教材研究の中の大きな一部分を占めるようになってきた。これは学習の過程を評価し

表1 学習評価の変化

過　去		現　在
結果主義	評価はいつ行う？	過程主義
学習外で評価	評価はどこで行う？	学習内で評価
成績の為	評価は何の為に行う？	学習や指導の為

ようとする試みの表れともいえる。

　2つ目に、声がけとしての評価の工夫である。小学校で授業を参観した後に、児童生徒に「先生に授業中にどのような評価をされたか」を聞いてみた。すると、褒められたり、アドバイスされたりしたという「声がけ」に関するものが数多く回答された。高橋ら［1986］によれば、否定的な声がけよりも、肯定的で具体的な声がけは学習成果を高めることを明らかにされている。そこで、いいところを見つけて「ほめる」という評価が積極的に行われるようになってきたと思われる。これは、児童生徒に正のフィードバックを与え、学習を支援しようとする試みの表れともいえる。

　3つ目に、授業における中心的な活動の中で評価することである。学習と評価場面を別々に設定するようなテストは、以前に比べ格段に減ってきたように思う。それよりは、ボール運動であれば普段のゲームの観察、器械運動やダンスであれば日常的に行われる練習や発表会、陸上であれば記録の変化など、学びの主活動の中で評価を行うようになってきたと感じる。**表1**は、評価の過去と現在を比較したものである。

　このような現代の評価の考え方をよく表す言葉に、「指導と評価の一体化」が挙げられる。「学習（指導）したことを評価対象とすること」「指導して評価したことを次の指導に生かすこと」という意味で、現代の学習評価は成績のためだけでなく、学習成果を向上させるためのプロセスの中にツールとして位置づいてきているといえる。

　その結果、以前は「Plan-Do-Seeプロセス」といわれていたものが、「Plan-Do-Check-Actionサイクル」といわれ、評価を指導に生かすことが強調されるようになってきた。そして、教師もこのことを強く意識し、評

価を授業改善に生かすようになってきた。

第4節　これからの学習評価

　学習評価は、「学習した結果の値踏み」から「学習する過程の支援」の手段として考えられるようになってきた。そこで、このような方向性を大切にしつつ、評価が抱えている課題を浮き彫りにする中で、これからの学習評価について検討していきたい。

　まず第一に、構成主義や状況主義に代表されるような社会文化的な学習観、すなわち定着の論理ではなく、生成の論理に基づく学びの考え方の中で、学習評価のメッセージシステム［Hay & Penny 2014］としての機能に注目が集まっている。このような中で、鈴木［2003］は、これを「学習評価としてのコミュニケーション」と述べ、それが授業システムのエネルギーになっていることを明らかにしている。つまり、学習評価が学習や指導という行為を支えているといえ、学習評価を中心にした授業づくりの必要性が示唆された。Lund & Tannehill［2015］も、Standards Based PEという、評価規準を手掛かりにした体育の授業づくりの考え方も示している。このように、学習活動ではなく、学習評価に注目をし、学習や指導を考えていく体育授業の構想が期待されている。

　次に、体育の学びの成果の記録についてである。体育の学びは、「活動していること」そのものに見いだすことができる。それを学習の履歴として残すために、従来は記録や感想を記述し蓄積していくことで、その中から学びを見出すことが多かったといえる。しかし近年では、ICT機器の進歩により、動画での学びの記録も容易になってきた。学んでいる姿を文字や記号に変換して記録するのではなく、動画情報として記録し、評価データとして蓄積していくことが試みられている。すなわち、体育の学習成果を具体的なパフォーマンスの変化の履歴として残す工夫としてICT機器を活用することが期待されている。

最後に、学校での学びが家庭での学びにつながることが大切である。そのためには、学校と家庭が連携することで、必児童生徒の成長を学校でも家庭でも支えていく必要がある。そこでは、親をはじめとしたステークホルダーの評価行為への参加が大切である。すなわち、教師や児童生徒のみならず親も学習成果について価値判断する機会をもたせるように連携することが必要であるといえる。そこで、このような機会につながる体育だよりや通知票の開発が重要といえる。

　以上のように未来の学習評価は、①評価を中心にした授業づくり、②評価情報を動画で収集する、③学校と家庭が協働した学習評価、がキーワードになってくると考えられる。このような評価では、学習者と共に、教師や親も育つ場になっているといえ、コミュニティそのものの成長が期待できる。

おわりに

　学習を学校というコミュニティに留まらず、地域にまで拡げ、地域コミュニティで学び、育てるための橋渡しをしていくのが学習評価といえる。児童生徒と教師の意思決定の土台となるものを明確にし、評価を手掛かりにしながら、学習という行為と指導という行為を創発してこようというところに未来の評価があるといえるだろう。

参考文献

宇土正彦『体育学習評価ハンドブック』大修館書店、1981年、pp. 8～12

菊地孝太郎、鈴木直樹「高校期の体育評定と大学生のスポーツ行動継続性との関係」『体育科教育学研究』第30巻第2号、2014年、pp. 51～60

鈴木直樹「小学校体育科におけるこれからの評価の考え方と進め方」『こどもと体育』Vol. 152、光文書院、2010年

鈴木直樹「体育授業における学習評価としてのコミュニケーション」『体育科教育学研究』第19巻第2号、2003年、pp. 1〜12

高田俊也「体育科の評価論」高橋健夫、岡出美則、友添秀則、岩田靖編著『体育科教育学入門』大修館書店、2002年

高田俊也「学習評価の観点」竹田清彦、高橋健夫、岡出美則編著『体育科教育学の探求』大修館書店、1997年、p. 323

高橋健夫、岡澤祥訓、中井隆司「教師の相互作用行動が児童の学習行動及び授業成果に及ぼす影響について」『体育学研究』第34巻第3号、1986年、pp. 191〜200

藤巻公裕、鈴木直樹、常木誠司「児童と教師の運動技能評価の一致度に関する研究」『埼玉大学研究紀要』教育学部（教育科学）第56巻第1号、2007年、pp. 155〜162

Begg, A., "Why More Than Constructivism is Needed," S. Gunn and A. Begg (eds.), *Mind, Body and Society : Emerging Understandings of Knowing and Learning*, Department of Mathematics and Statistics, University of Melbourne, 2001, pp. 13-20.

Black, Paul and Wiliam, Dylan, "Assessment and Classroom Learning," *Assessment in Education*, Rutledge. 1998, pp.7-74.

Davis, B. and Sumara, D., "Why aren't they getting this? Working through the regressive myths of constructivist pedagogy," *Teaching Education*, 14, 2003, pp. 123-140.

Gunn, S., "Enactivism and Models for Professional Development," S. Gunn and A. Begg (eds.), *Mind, Body and Society: Emerging Understandings of Knowing and Learning*, Melbourne: Department of Mathematics and Statistics, University of Melbourne. Kirk, D., & Macdonald, 2001, pp. 95-101.

Hay, P., "Assessment for learning in physical education," D. Kirk, D. Macdonald, and O'Sullivan (eds.), *The Handbook of Physical Education*, SAGE Publications Ltd. , 2006, pp. 313-325.

Hay, P. and Penny, D., *Assessment in Physical Education: A Sociocultural Perspective*, Routledge, 2014.

Hopple, Christine J., *Elementary Physical Education Teaching & Assessment : A Practical Guide* (2nd ed.), Human Kinetics Publishers, 2005.

Light, R., "Complex Learning Theory - Its Epistemology and Its Assumptions About Learning: Implications for Physical Education," *Journal of Teaching in Physical Education*, 27 (1), 2008, pp. 21-37.

Linn, R. L., and Gronlund, N. E., *Measurement and Assessment in Teaching*, New Jersey: Prentice Hall, 1995.

Lund, Jacalyn Lea and Tannehill, Deborah, *Standards-Based Physical Education Curriculum Development*, third edition, Jones & Bartlett Learning, 2015.

Melograno, V. J., *Portfolio Assessment: Documenting Authentic Student Learning*, Journal of Physical Education, Recreation and Dance, 65 (8), 1994, pp. 50-61.

Pangrazi, *Dynamic Physical Education for Elementary School Children* (17th Edition), Benjamin Cummings, 2012.

Puckett, M. B. and Black, J. K., *Authentic Assessment of the Young Child: Celebrating development and learning*, New York. Macmillan, 1994.

Stiggins, R., "Assessment Crisis: The absence of assessment FOR learning," *Phi Delta Kappan*, vol. 83, no. 10, 2002, pp. 758-765,

Terwilliger, J., "Research news and comment :Rejoinder: Response to Wiggins and Newmann," *Educational Researcher*, 27 (6), 1998, pp. 22-23.

Tinning, R., Macdonald, D., Wright, J. and Hickey, C., *Becoming a physical education teacher*, Sydney: Prentice Hall, 2001.

Veal, M. L., "The role of assessment in secondary physical education-a pedagogical view," *Journal of Physical Education and Dance*, 63 (7), 1992, pp. 88-92.

Wiggins, G., *Educative Assessment : Designing Assessments to Inform and Improve Student Performance*, CA: Jossey-Bass, 1998.

第2部

実践編

第 5 章

小学校低学年の授業を考える

はじめに

　2008年に学習指導要領が改訂されて以降、小学校では低学年の授業研究がこれまでにないほど盛んに行われている。いうまでもなくこの動向の背景には、それまでは5年生からであった「体つくり運動」の領域が1年生から必修化された指導要領の改訂がある。
　そしてかかる改訂が導かれた主たる理由は、一向に改善されることのない子どもたちの体力・運動能力低下に対する国家的対応にあることも既に指摘されている通りである［鈴木2011など］。従って、この問題状況の改善を意識した「体つくり運動」の少なくない授業が、子どもたちの体力や運動能力の向上を図ろうとする「トレーニング」の時間と化している現実は、いわば必然的にもたらされた結果ということもできるだろう。
　特に現行の指導要領では、新たに始まった低中学年の「体つくり運動」を「体ほぐしの運動」と「多様な動きをつくる運動遊び」で構成したために、全国の小学校では、多様な動きをさせようとする教師たちの「動きを

工夫して！」という声かけが日々繰り返されている。そこで子どもが取り組んでいる運動が、平均台を渡ることだったとしよう。子どもにとっては、何とかして落っこちないように渡り切ってみようという挑戦がおもしろいのだろうが、教師にとってそれは「多様な動きをつくる運動遊び」でなければならないがゆえに、子どもたちは「動きを工夫」することを強制されることとなる。

同様の傾向は、「体つくり運動」以外の授業でもみられる。低学年では「器械・器具を使っての運動遊び」や「走・跳の運動遊び」といったように、種目としての名称が示されていないこともあって、ともすると、跳び箱という器械・器具を使っていろいろな動きをさせようとか、走る・跳ぶを含んださまざまな動きをさせようといった授業になりやすい。

このような授業では、運動を行う主体である子どもがその運動に見出す意味と教師の運動の捉え方が明らかにずれている。しかし、体育では座学から解放されて身体を動かすだけでも楽しさを感じることができるから、このような問題を抱える授業でも、子どもたちは何となく動くことは動くのである。逆にいえば、だからこそ教師にはその問題がみえにくいのかもしれない。

本章では、こういった低学年の体育授業にみられる問題を克服していこうという問題意識を出発点に、低学年の授業の在り方を、子どもにとって運動がもつ意味に注目しながら考えていくことにしよう。

第1節　幼児期からのつながりと運動遊びの指導

1．運動遊びと運動発達との関連——運動遊びであることの意味

（1）運動指導と運動能力との関係

幼児を対象とした興味深い研究がある。

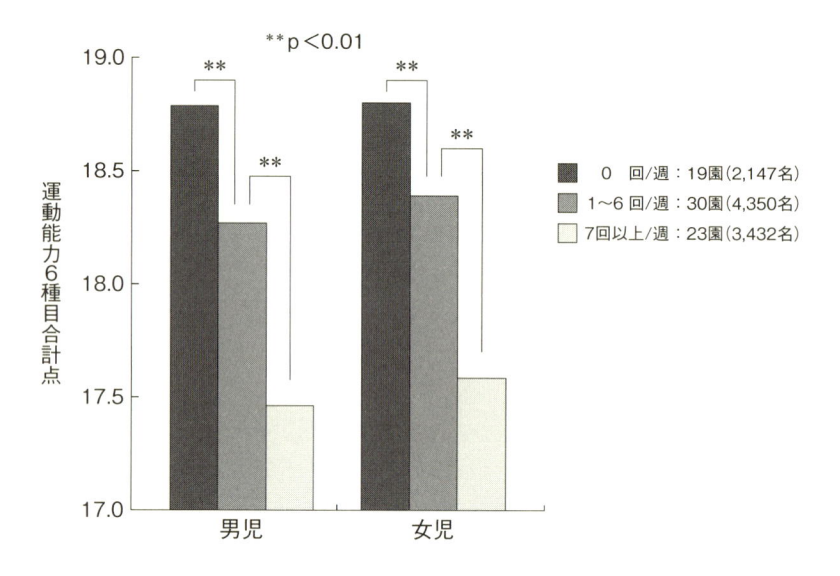

図1 幼稚園での運動指導頻度による運動能力の比較（2002年調査）
出所：［杉原他 2010］をもとに作成

　幼児期からの運動能力低下が指摘され［森他 2010］、早期から運動（スポーツ）指導に力を入れている園も多く、体操やサッカー・水泳など複数種目にわたって保育内に指導している園も少なくない［杉原他 2010など］。この運動指導の頻度で幼児の運動能力を比較した研究では、このような運動指導をまったくしない園の幼児の運動能力がもっとも高く、反対に運動指導を多くしている園の幼児の運動能力が低いことが明らかにされている（図1）。このことは運動の行い方に問題があると考えられている。特別な運動指導を多くしている園では指導者が中心となって行うことが多く、整列や説明、順番待ちなどに時間を要し、結果的に子どもの身体活動が制限されている。これに対し、特別な運動指導をしていない園では子どもが自発的に行う遊びを中心とし、その中で自分なりに存分に体を動かす機会が保障されているのである。

（2）運動遊びと基本的な動き、運動能力との関係

　一方、基本的な動きにおいても、運動を遊びとして行っている園は、指

導者が主導となり指導している園より観察される基本的な動きの頻度や種類が多く、多様な動きを経験していることが明らかにされている［杉原他2011］。さらに遊びとして運動を行っている園ほど幼児の運動能力が高い［杉原他2010］。幼児教育では「遊びを通しての指導」が基本であり、運動においても遊びとして指導される。遊びとして運動を行うことで、子どもは自分なりのペースで無理なく運動を行い、結果的に多様な動きを経験している。

これらの研究は、幼児期には運動を遊びとして行うことが運動発達に貢献していることを示している。運動発達の特徴において幼児期から低学年にかけてが1つの発達段階であることを考慮すれば、低学年においても遊びとしての運動がふさわしいといえる。

(3) 幼児期と低学年で観察される基本的な動き

基本的な動きについて幼児期から低学年へとどのような広がりがみられるのだろうか。両者の関連をみた研究では、予想に反し1年生の基本的な

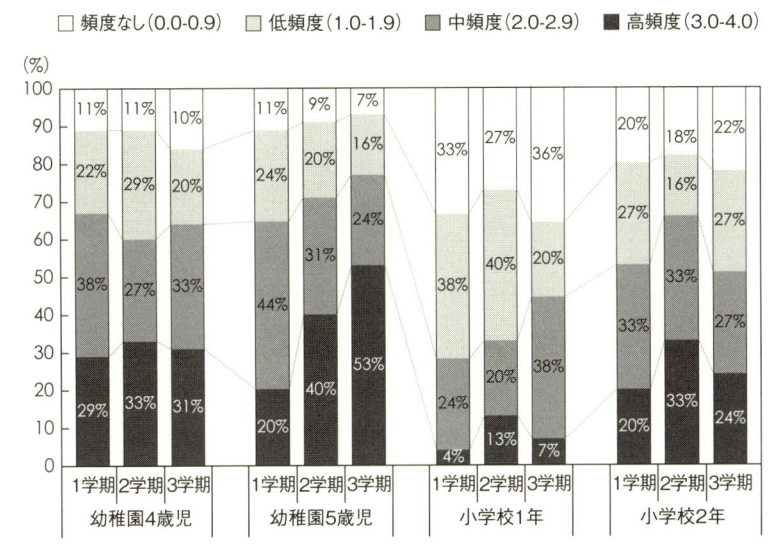

図2　幼稚園4〜5歳児の運動遊びおよび小学校低学年体育で観察された基本的な動き
出所：［古田 2015］をもとに作成

動きの観察頻度が極端に少なくなっていた（図2）。図2の棒グラフの一番濃い色は頻度が高くみられた基本的な動きの割合である。幼稚園5歳児は1学期から3学期にかけて頻度の高い動きの種類が増加しているが、小学校1年生は年間を通して頻度の高い動きの割合は非常に低く、まったくみられない動き（一番薄い色）の割合が他の学年と比較して高くなっていた。小学校体育科の指導資料［文部科学省2011など］に示される活動は、ほとんどは幼児が行っているものである。基本的な動きにみられる幼児期と低学年とのこのようなギャップは、教師による「遊び」の捉え方の違いによることが考えられる。すなわち、小学校での活動は子どもにとっての遊びとはなっておらず、ある活動を与えることが中心となっているのではないだろうか。

2. 運動遊びを指導する授業実践

（1）自己決定をうながす

　体つくり運動の特性や低学年のその他領域は「運動遊び」である。子どもは動きを指示したり強要したりしなくてもおもしろそうなことは自発的に取り組む。高さがあれば飛び降りるし、リボンがあれば振り回したり走ったりする。環境には動きを引き出すという性質があり、この性質を利用した教材研究や場の設定が大切であるといえる。子どもはおもしろいことは何度も繰り返す。この繰り返しの行為が動きを獲得、洗練させることになる。
　また、クラス全員に対して一律の課題ではなく、子どもが自己選択、自己決定できる環境を用意することが必要である。まずは自分なりにやってみる。実際に試す中で自分の中での違いや、他児との違いに「気付く」ことになる。教師は体の基本的な動きを身に付けることを意図するが、児童にとっては夢中になって動くことを楽しむうちに、結果的に動きが身に付くという実践が望まれる。

（2）幼少年期の特徴をふまえた指導

　大学生を対象とした回想法による調査では、小学生時代に運動を好きになるきっかけは能力に関するものが圧倒的に多く、反対に嫌いになるきっかけも能力に関するものが恐怖と同様に多かった［杉原1988］。能力に関するものとは「○○ができるようになった」であるが、幼児期から小学校低学年にかけては能力の認知が大人とは異なっているということ、そして同時に子どもが感じる達成感も大人とは異なる視点であるという点に注意しなければならない。

　この頃の子どもは能力と努力を同等のものととらえており［ホーン＆ハリス2008］、できることは頑張った結果であると評価する。また達成感も大人とは異なり自分なりに課題を完結、終結させることによる。大人は簡単な課題をやり遂げても達成感は得られないかもしれないが、幼児期から低学年にかけては大人からしたら大したことのないような些細な課題でもそれを完結させることで達成感を味わっているのである。つまりこの時期は自分なりの課題を行うことで頑張れる自分を自覚しやり遂げることが大切であって、大人基準の課題を与えて行うことによりかえって「できない」「がんばれない」という無力感を形成してしまう危険性がある。そうなると運動も嫌いになり、「生涯にわたって運動に親しむ資質や能力の基礎」も育たない。またこのようなやり方は「遊び」ではないということにも注意したい。子どもなりの取り組みを認める指導が重要なのである。

3. 評価の視点

　このような立場から考えると、決してある課題ができるできないや他児との比較ではなく、その子なりにできた感じがどのくらい味わえたかが重要になってくる。言い替えれば、できた感じをどのくらい味わわせることができたかということである。そして、個々の子どもができることを繰り返すことで動きの質が高まるという視点が大切である。

また、動きの多様さにはレパートリーの多様さ（いろいろな種類の基本的な動き）とバリエーションの多様さ（基本的な動きの変化：高く跳ぶ、遠くに跳ぶ、リズミカルに跳ぶなど）の２つの意味があるが、子どもの多様な動きを評価するということは、同時に教師の指導を振り返ることでもある。限定的な動きの経験や偏りがあるとすればそれは教材や場の設定の工夫と見直しが必要ということである。動きを指示して強制して考えさせてやらせるのではなく、その動きが引き出されるような指導が必要である。

4．個に応じることと遊びであること

　幼児教育（特に領域「健康」）と小学校体育科とは関連が深い。しかし、幼稚園教育要領にあって小学校体育科にないのが、「発達の特性に応じた遊び」また「興味・関心・能力に応じて」という個に応じる視点である。運動の楽しさを十分に味わうことに重点が置かれる低学年体育は遊びとしての運動であるからこそ自由度の高い、個々が自己決定できる内容で行える。それによりそれぞれの特性に応じた運動遊びをそれぞれのやり方で行え、それぞれが運動の楽しさを味わうことができるといえる。

第*2*節　低学年のボールゲームの授業づくり

1．動きの学習からゲームの学習へ

　運動を行う主体者である子どもにとってボールゲームのもっている運動の意味とは競い合いのおもしろさであるといえる。このおもしろさに向かって子どもは夢中になり、夢中になりながら自発的に創意、工夫を重ね知識や技術を学習していく。しかし、低学年のボールゲームでは、技能の個人差や技能の未熟さ、作戦の立案の難しさといった子どもの実態と、それ以降の学年との系統性という言葉を基に、動き（技能）や作戦を工夫さ

せることを学習の目的とする授業が行われていることが多いのではないだろうか。例えば低学年のボールゲームである「的当て」においては、子どもの投げる動きの未熟さという実態を基に「遊びの要素を取り入れた活動の中で、多様な投げ方の発生や投げることの正確さを高めることが重要である」［三輪 2013］といった指摘である。つまり、低学年のボールゲームではゲームそのものを学習ではなく、動き（技能）や作戦の基礎を遊びの要素を取り入れたゲームを通して楽しく学習することとしての動き（技能）の学習になってしまっているということである。

しかし、子どもにとっての必要感のない脱文脈的な動き（技能）や作戦の工夫は形式的な学習といわざるを得ないだろう。子どもにとって動き（技能）や作戦の工夫が意味ある学習となるためには、まずもってその運動のおもしろさに触れ夢中になることが大切であると考えられる。つまりボールゲームの競争のおもしろさを中核にゲームの学習として授業を構想することが、低学年のボールゲームの授業づくりにおいても重要であろう。

本節では競争のおもしろさを中核とした小学校１年生の「ダンダンゲーム」（佐賀大学文化教育学部附属小学校にて久保明広教諭による実践）の授業づくりと授業の中での子どもの変化を基に、低学年のボールゲームの授業づくりついて考えていくこととする。

2. 競争のおもしろさを中核とした低学年のボールゲームの授業づくり

（1）子どもにとって運動の意味が分かりやすいゲーム

低学年のボールゲームの授業づくりをする際に、選択されるゲームは子どもにとってその運動の意味、いわばおもしろさが解りやすいゲームを選択することが重要である。つまり何を競い合っているゲームなのかということが理解しやすい

①ダンダンゲームの様子

第5章　小学校低学年の授業を考える　81

ゲームである。そこで小学校１年生に対して「的当て」ゲームをもとに「ダンダンゲーム」というゲームを構想した。「ダンダンゲーム」とは中央に置いた４個の段ボールにボール（お手玉）を当て、段ボールを相手側のコートに動かし合うことで勝敗を競うゲームである（写真①）。ルールとしては以下のようなものである。

ルール
・ボール（お手玉）は１人１個。投げた後は自分で拾いにいく。
・ボール（お手玉）を投げる時は青いマットに足を載せて（片足でも接していれば可）投げる。
・２分30秒間の時間終了後に中央の線より相手側のコートに段ボールがあれば１点となる。
・５人対５人で競い合うゲームである。

この「ダンダンゲーム」の運動のもっている競争のおもしろさとは段ボールを少しでも相手側に動かすことができるかどうかを競い合っているということである。よって子どもからは、段ボールを少しでも相手側に動かせるかどうかを競い合うのがおもしろいゲームとして捉えられよう。このように運動のもっている意味としての競い合いのおもしろさが解りやすいゲームを考えることが重要である。

（２）学習過程とめあてのもたせ方の工夫

「ダンダンゲーム」の実践では学習のねらいを「少しでも相手コートに動かすためにはどうすれ良いかという競争に夢中になりながら、自分なりの投げ方を工夫したり、仲間と協力したりしながら競争を楽しむこと」とした。この学習のねらいは「ダンダンゲーム」の競争のおもしろさに夢中になって、どうしたら競争に勝てるかを試行錯誤し続ける子どもの姿を目指したものである。

こうした単元のねらいの基６時間で授業を構想した。まず第１時間目で

は、まだまだゲーム理解の未熟な小学校1年生の子どもに対して、教師と子どもが「勝つために少しでも段ボールを相手コートに動かすためにはどうしたらいいかな」という問いを共有することとした。この問いこそが単元を貫くゲームに夢中になる為の挑戦する課題であり、このゲームの競い合いの意味である。よってこの課題に対する認識（ゲームに対する理解）の2時間目以降の深まりの過程として、学習過程をねらい1「今もっている課題の中でゲームを楽しむ」、ねらい2「より目的意識をもった課題に対して工夫してゲームを楽しむ」とした。まずこのゲームに勝つためにはどうすればよいか、という単純な課題の中でゲームを行うことから、よりチームが勝つためには何をすればよいか、というより目的意識をもった課題の中で自らが試行錯誤しながら創意、工夫を重ねてゲームを行う子どもの変化を想定したものである。

　そしてめあてをもたせる際には、「勝つために少しでも段ボールを相手コートに動かすためにはどうしたらいいかな」という課題に対して試行錯誤し続ける中でめあてを立てさせることとした。その為、学習カードには「勝つために、段ボールを動かすために○○」と記述するようにした。小学校1年生の子どもに対して常にゲームの挑戦する課題を明確にすることでめあてをもたせやすくした。

3. 授業の中での子どもの変化

　単元の前半、まず子どもたちは段ボールを動かすためには段ボールに当てることが重要だと考えた。その為、少しでも段ボールに当てるためにはどうすれば良いかという課題をもってゲームに取り組んでいた。下から転がして当てたり、ダーツの投げ方のように右足を固定して右手でボール投げるなど、とにかく勝つために少しでも段ボールを動かすためには、段ボールに当てることが大事だという課題の認識のもと試行錯誤しながらゲームを行っていたのである。しかし、3時間目の終わり以降、ただ段ボールに当てるだけでは、このゲームに勝てないということが理解され始

②協力して段ボールを狙う姿

めた。ゲームに対する理解の深まりである。

　そこで教師は、転がしたりしてボールを段ボールに常に当ててはいるものの、あまり動かすことができていない映像を紹介した。この映像を観た子どもたちは「全然動いていない」、「(相手が力強く当てたことで) 一気に動かされている」とつぶやいたため、教師は「段ボールに当てることがねらいではなく、勝つために段ボールを動かすんだよね、さあどうしたらいい!?」と問いかけた。この問いに対して、子どもたちは強く段ボールに当てることがゲームに勝つことになると考え、強く当てることという課題をもってゲームを行い始めた。この段階では、今まで以上に足を踏み込んだり、手を振り切ったりして力強く投げようとしている姿があった。

　しかし、強く投げようとすれば逆に動きがぎこちなく、段ボールに当てることができなくなってしまっている子どももみられ始めた。低学年における個人差の問題である。そこで教師は「強く投げることが大事じゃなくて、勝つためには段ボールを動かすことが大事なんだよね。さあどうする!?」と問いかけた。すると「強く当てられるように練習する」、「弱くても何回も何回も当てれば動く」というように、子どもたちが自ら自分なりに段ボールをより動かすための工夫を考え始めた。

　さらに単元の最後の方には、強く投げられる子は1人で1個の段ボールを狙い、そうでない子は協力して1つの段ボールを狙うようにすれば良いなどの作戦も立ち上がってきたのである (写真②)。

　こうした子どもたちの変化は、単元前半の「段ボールに当てる」から単元後半の「当てるだけでいいのか!?」→「段ボールを動かす」→「どうやって動かす!?」→「力強く当てる」「何度も当てる」→「協力して当てる」→……と「勝つために少しでも段ボールを相手コートに動かすために

第2部　実践編

はどうしたらいいかな」という課題に対する試行錯誤の変化であるといえよう。このような子どもの変化は、「ダンダンゲーム」の理解の深さにつながっていると考えられる。つまり、あの段ボールを動かせば勝つ、動かさなければ負ける、というゲームの意味の理解である。子どもたちがその時間その時間、課題に対して試行錯誤することで、「ダンダンゲーム」の意味を理解し、ゲームそのものを学習し、「少しでも段ボールを相手コートに！」という『競争』に夢中になる中で、必要感をもって自分なりの動き（技能）を高めたり、チームの協力という作戦を工夫したりすることができた実践であった。

4. ゲームのおもしろさを学習するということ

　低学年のボールゲームでは、一過性の運動経験に終わってしまい、それ以降の学年との結びつきが希薄であるといわれる。しかしその結びつきを単なる動き（技能）として捉えて、低学年ではゲームを通して動き（技能）を学習し、その動き（技能）が以降の学年の基礎となるという考えでは、松田［2014］が「『動き（技能）』があるから『運動やゲーム』（本番）があるのではない。『運動やゲーム』（本番）があるから『動き』（技能）があるのである」と述べるように、本質的なゲームの学習にはならないといえる。そうではなく、競争に勝つために目の前の課題に対してどのように自分のまたはチームとして作戦を考え技能を発揮していくかを試行錯誤しながら競争のおもしろさに没頭していくこと、といった子どもにとってのボールゲームの意味としてのゲームのおもしろさを学習することが、それ以降の学年で出会うより複雑なボールゲームでの学習の基礎となるのではないだろうか。こうした視点からより多くの低学年のボールゲームの授業実践を重ね系統性という問題に応えていくことが今後の課題である。

おわりに

　本章の第1節と第2節ではそれぞれ、小学校低学年の体育授業実践の在り方を提起した。第1節では、そこでの運動経験が「遊び」であることの重要性を主張しているし、第2節では、運動の「おもしろさ」から切り離された動きや作戦の学習の強制に警鐘を鳴らしている。

　しかしながら現実には、「遊び」からはほど遠い、教師目線から考えられた学習の強制がしばしばみられるのが低学年の授業なのであり、その一方で、何の計画性もないままに、ただ校庭の固定遊具をローテーションしておしまいといった、一過性の単発的な運動経験をさせているだけの授業もみられる。

　このように低学年の体育授業は、教師が指導を放棄したかのような無計画な実践と、中学年以降の学習との連続性を意識するあまりそれに備えたあたかもトレーニングと化した運動経験を教師が導こうとするような実践の、両極に分かれやすい面をもっている。

　だからこそ「遊び」、そしてその遊びの中にある「おもしろさ」から、子どもにとって運動がもつ意味を考えてみることは、低学年の授業を豊かなものにしていく上で大切な視点となるだろう。

引用・参考文献

鈴木秀人「体つくり運動と子どもをめぐる今日的課題」『体育科教育』第59巻第1号、2011年、pp. 10〜13

杉原隆「スポーツに対する興味の形成・変容」末利博、鷹野健次、柏原健三編著『スポーツの心理学』福村出版、1988年、pp. 81〜83

杉原隆、吉田伊津美、森司朗、筒井清次郎、鈴木康弘、中本浩揮、近藤充夫「幼児の運動能力と運動指導ならびに性格との関係」『体育の科学』第60巻第5号、2010年、pp. 341〜347

杉原隆、吉田伊津美、森司朗、中本浩揮、筒井清次郎、鈴木康弘、近藤充夫「幼児の運動能力と基礎的運動パターンとの関係」『体育の科学』第61巻第6号、2011年、pp. 455～461

ホーン＆ハリス「子どもの有能感：コーチ及び親に対する示唆」スモール, フランク, ロナルド・スミス編著（市村操一、杉山佳生、山本裕二監訳）『ジュニアスポーツの心理学』大修館書店、2008年、pp. 109～122

松田恵示「体育における構成主義の再評価と『運動の特性』の捉え直し」『体育科教育』第62巻第1号、大修館書店、2014年

三輪佳見「つながりのあるゴール型ゲームの指導体系の構築をめぐって」『体育科教育』第61巻第2号、大修館書店、2013年

文部科学省『小学校体育（運動領域）まるわかりハンドブック体つくり運動について――多様な動きをつくる運動遊び』2011年

森司朗、杉原隆、吉田伊津美、筒井清次郎、鈴木康弘、中本浩揮、近藤充夫「2008年の全国調査からみた幼児の運動能力」『体育の科学』第60巻第1号、2010年、pp. 56～66

吉田伊津美「幼稚園の運動遊びおよび小学校低学年体育で観察される基礎的運動能力パターン」『発育発達研究』第70号、2016年

第6章

体操の授業を考える

はじめに

　体育の授業で実施されるさまざまな運動は、スポーツ・ダンス・体操の領域に大別され、授業を通してこうした多様な運動を経験することで、生涯にわたって運動を行う素地がつくられる。すなわち体育の授業においては、生涯にわたって人が運動に親しむようになることが重視され、そのために各運動に応じてどのような授業を行うかが課題となる。中でも学校体育における「体操」は明治期に始まり、戦前においては中心的な内容として盛んに行われていたが、近年は授業の内容として扱われることは少なくなった。

　今日の日本では、スポーツジムや自宅等で体操、ヨガ、ピラティスなどの運動が目的に応じて実施されているが、その中でも体操は古くから盛んに行われており、最もポピュラーなものはラジオ体操である。ラジオ体操は、誰もが学校体育の中で一度は経験するものであり、老若男女問わず取り組める体操である。そしてラジオ体操が生涯にわたって誰もが気軽に取

り組めるものであるからこそ、体育の授業においてラジオ体操を内容として扱う場合には、その目的と方法の明確性が重要となる。すなわちラジオ体操の授業を通して子どもたちが運動の効果について学ぶことは、生涯にわたって運動に取り組むきっかけとなる。そこで本章では、ラジオ体操の実践例から、体操を内容として扱う授業について考える。

第1節　体育における体操

1. 体操と日本人との関わり

　体操はヨーロッパに始まり、ドイツ体操、スウェーデン体操、デンマーク体操の3つがそれぞれの独自の理念と方法に基づいて発展した。これらの影響を受けながら今日に至るまで徒手体操、手具体操、機械体操など多様な形態の体操が考案され、より複雑で美しい技を競う「体操競技」と競技を目的としない「体操」が存在している。日本において「体操」は、明治期に軍隊で採用された後、学校体育に導入された。戦前の学校体育は「身体の教育」と呼ばれ、「体操」は中心的な内容としてその効果や実施方法、指導方法についての研究がなされてきた。しかし戦後の学校体育では、さまざまなスポーツ種目が導入されるようになり、体操を内容とする授業は少なくなっている。

　ラジオ体操は1928年に開始され、学校以外の場における体操の普及の契機の1つとなっていく [黒田1999]。現在行われているラジオ体操は、楽曲に合わせて動く徒手体操であり、国民の健康の維持増進のために考案され、1951年に開始された。そして現在に至るまで、日本全国の学校、職場、地域においてさまざまな年代の人に親しまれ、実施されている。言い替えると、ラジオ体操はネガティブな意識をもつことなく、自己のからだについて考えながら運動を実践することができる。特に運動が苦手な子にとっては、うまくできないことや他者と比較されることで苦手意識が形成される

が、体操は他者と比較されずに自分のペースで運動する機会を提供することができ、将来にわたっての運動実践につながりやすい。そのため体育の授業における体操の経験が生涯にわたって日常生活においても運動する習慣へとつながるような授業づくりが求められる。

2. 体操の機能的特性

　体育の授業ではさまざまな運動種目が扱われ、各種目の違いは、それぞれの運動に特有な性質すなわち運動の特性によってとらえることができる。運動の特性のとらえ方は、人と運動との関わり方につながる重要な視点であり、運動の特性をどのようにとらえるかによって授業方法が大きく変わることとなる。この点について学校体育の変遷をみると、運動の特性については、これまで心身の効果的特性、運動技術の構造的特性からとらえられているのに対し、近年は文化論、生涯スポーツ論、プレイ論を拠り所にした機能的特性が重視されている［鈴木他編著2011］。機能的特性は「欲求の充足」と「必要の充足」という2つの特性に分けられる。「欲求の充足」とは、「運動が運動実施者の有する欲求を充足させる機能をもつ」という考え方であり、各運動種目に欲求充足の機能が内在していると仮定されている。欲求の充足に基づく運動には、スポーツとダンス領域が挙げられる。スポーツ領域の各種目においては、競う、克服する、達成する楽しさ、ダンス領域の各種目では模倣・変身の楽しさが欲求充足という機能的特性に基づくといえる。

　一方、「必要の充足」とは、からだの働きを維持し向上させるという、生活体としての必要性を充足させる機能に基づく運動の特性のとらえ方である。それゆえ、からだが必要としている内容によって運動が分類され、必要の充足を求めて行われる運動として「体操」が挙げられる。体操は数多くの種類が存在することから多面性がみられるが、佐伯［2006］によると、動きの洗練を目的とする体操は「スポーツ」、リズミカルな動きの楽しさ、美的な全身的自然運動を重視する体操は「ダンス」に分類されるべきで、

「体操」はからだの必要を充足するために工夫され行われる運動に限定して考えることになる。

3. 機能的特性に基づく体操の授業づくり

　欲求の充足をもたらす運動（スポーツ・ダンス）の授業においては、すべての子どもが運動の機能的特性に触れること、すなわち運動種目特有の楽しさを味わうことが重視される。子どもが今もっている力で運動を楽しみながら学習を通じて能力が高まり、その高まった能力に応じた課題が教師の指導のもとで設定され、単元を通じて子どもたちがフローを体験できるような授業展開によって欲求の充足がなされる。

　一方、必要の充足をもたらす機能をもつ運動（体操）の授業については、からだの必要に応じた運動の理論についての理解と適切な運動実践が不可欠な内容となる。佐伯［2006］も指摘しているように、体操の授業の目的と内容は体力向上などのからだの働きを高めることに限定されない。スポーツと同様、体操においても運動文化としての理解と主体的な関わりが運動への自主性を育み、その結果、学校外や卒業後の運動実践につながるといえる。しかしながら子どもたちに必要性の認識や知識がない場合、教師の主導で体操をし、からだの働きが高められても、子どもたちにとってはその運動をする意味がわからず、ただやらされるだけとなってしまう。こうした体操は、強制されたトレーニングであり、そこには学習が生じない。また体操の授業では、親しみやすい音楽によって楽しい雰囲気の中で運動するなどの工夫もみられるが、これもまず正しい運動方法についての学びを深めることが前提となる。

　からだの必要は個々の子どもで異なる。それゆえ主体的な運動実践者を育てるためには、子ども自身が自分にとっての必要性を認識し、それに応じた運動を自分で実践できるようにすることが必要であり、そのためには運動の理論の学びが重要となる。なぜなら誰かにやらされて運動するのでは運動の継続や自発的な取り組みは難しく、運動の意義を認めて自ら進ん

で実施することが重要だからである。これは人と運動との関わりかたの問題といえる。このような人と運動との関わり方は動機づけに関わる問題である。そこで次に動機づけという視点から必要の充足をもたらす運動について考えることとする。

第2節　体操の学習への動機づけ

1. 運動への自律的動機づけ

近年、活動に対する主体的な関わり方は「自律性」と呼ばれ、代表的な動機づけ理論である自己決定理論における主要な概念であり、行動をどのくらい自分自身が決定しているか、すなわち行動の自己決定の強さを意味する [Ryan & Deci 2002]。運動への自主性（主体的な取り組みの様相）は自律性によって説明することができる。動機づけとは人が行動に駆り立てられる事象全体を表し、行動の原因から結果に至る過程が説明される概念である。自律性の高さは動機づけの強さと行動の質に影響する。自律性が高い状態とは人が活動そのものに夢中になっている場合である。この状態では活動そのものが行動の原因でありフロー状態や継続的な関わりという結果につながる。これは「内発的動機づけ」と呼ばれる。

スポーツに対する内発的動機づけは、知的理解、成就、感覚刺激 [Vallerand 1997] という3つの要素から構成されると考えられている。知的理解は「どうやったらうまくいくか」という知的好奇心、成就はうまくなろうと活動する時に感じられる楽しみや満足、感覚刺激は、楽しみや興奮の刺激であり、それらの心的報酬を得ようと求めて活動する過程が内発的動機づけである。運動（exercise）については学習（learning）、成就（accomplish）、感覚（sensations）が内発的動機づけの3要素であり、スポーツと同様の内容であることが指摘されている [Wininger 2007]。

内発的動機づけに対して、外発的動機づけは活動と直接関係のない外的

動機づけの タイプ	非動機づけ	外発的動機づけ				内発的 動機づけ
調整のタイプ	無調整	外的調整	取り入れ的調整	同一視的調整	統合的調整	内発的調整
行動の質	低い		自律性			高い

図1 自律性の程度による動機づけのタイプ

出所：[Ryan & Deci 2002] をもとに作成

報酬を得るための手段として行動が生じる過程である。外発的動機づけは内発的動機づけに対立する4つの概念として伝統的にとらえられてきたが、自律性の程度によって4つの段階に分類されると考えられるようになってきた。図1に示したように、統合的調整、同一視的調整、取入れ的調整、外的調整の順に自律性が低くなる。統合的調整は活動を重要と認め、活動することと本人の価値感、目標、欲求が調和する状態であり、同一視的調整はその活動をすることが重要であるという認識によって行動が生起する状態である。この2つは意志の関与が強く自律性は高い。取入れ的調整は「やらないと恥ずかしいから運動する」というように、罪や不安のような内的な圧力によって行動が生じる状態であり、外的調整は、外的報酬を獲得したり、罰をさけるために行動が生じる状態である。これら2つは4つの段階の中でも自律性がより低い状態である。内発でも外発でもなく、やる気がない状態は非動機づけと呼ばれる[Ryan & Deci, 2002 : 17-19]。

運動に主体的に関わるということは自律性の高い動機づけを意味する。自律性が高いのは内発的動機づけであり、具体的には運動についての興味・関心を高め、感覚的な気持ちよさを体験し、知識やからだの変化を感じることによって動機づけが高まる。外発的動機づけにおける統合的調整、同一視的調整は活動の意義や重要性を認識する状態であり、運動の意義について認識することにより動機づけが高められることとなる。

2. 自律性支援を基本とする体操の授業づくり

　人の自律性を高めるような他者の関わりを「自律性支援」といい、体育の授業づくりを支える根拠として考えることができる。自律性支援は競技スポーツにおけるコーチングにおいても重要であることが指摘されており[Mageau & Vallerand 2003]、体育の授業における教師の関わり方についても具体的な提案がなされている[Standage & Treasure 2007: 71-85]。

　自律性には有能さ、自律性、関係性の欲求という3つの基本的欲求の充足が影響すると仮定されている。すなわち「環境に効果的に関わる有能な存在でありたい」(有能さ)、「自分の行動は自分で決めたい」(自律性)、「他者とよい関わりももちたい」(関係性)という欲求がみたされると自律的な動機づけが高まっていく。体操の授業についても、これらの欲求をみたすような授業づくりが重要となる。そのためには、内容に自信がもてるようにやさしい課題から難しい課題に進むような学習過程を設定すること、苦痛や退屈などの運動を回避させる要因を取り除き、課題そのものに対する興味を高めること、新しい課題に挑戦し、うまくいくための工夫をするなどにより子どもの意思決定が関与するような場面をつくることが大事である。そして教師や仲間同士の協力によって互いが高められるような集団の雰囲気も大切である。他者との比較や結果だけを重視するような成績雰囲気ではなく、個人の努力が評価され、活動に専念できるような熟達雰囲気をもった集団が望ましいとされる。

　体育の授業における自律性支援を考える際、種目による子どもたちの興味・関心の違いを考慮する必要がある。人気のあるスポーツ種目の授業では、多くの子どもは「やってみたい」「うまくなりたい」というように興味や関心をもっているので内発的に動機づけられやすい。そのような授業では自律性と有能さを促進するよう働きかければ興味と熱意を保ち続けることができる。しかしながら不人気な種目については、活動の意義を理解させるよう丁寧な説明をし、興味・関心をもたせること、活動による心身の変化を感じることができるような授業づくりが必要となる。これは体操

の授業についてもあてはまる。

　体操の授業についてみると、各運動の意味を理解させずにやらせるだけの授業や体力を目的とする授業では、結果として、体力向上などからだの働きは高まるかもしれないが、こうした授業では教師が強制的に運動させることから、子どもにとっては自律的な動機づけとはいえず、自主性の育成や授業外、将来における運動実践にはつながらない。そのため体操の授業では、個々のからだにどのような運動が必要であるかを知り、それをみたす運動の工夫のおもしろさを伝えることがより重視される。すなわち、体操の授業では、運動の意義を認めるとともに運動の文化に興味をもたせ、「動くことの気持ちよさを味わいたい」「運動の新しいやり方がわかって楽しい」という内発的動機づけを中心とした授業づくりが重要となる。

　これまで述べてきたように、体操の授業では、運動についての理論を学びながら、結果として体力向上などのからだの働きが高まると同時に、必要と充足についての理論を学ぶことで、からだと運動についての興味・関心が高まり（内発的動機づけ）、運動することの意義（同一視的調整）を認識することが求められている。こうした自律的な動機づけによって自主性が育てられ、授業外や将来における運動実践につながっていくといえる。

第3節　体操の授業の取り組み

1. ラジオ体操の実施例

（1）授業の概要

　本節では、小学校5年生のクラスで行われたラジオ体操第一の授業実践から、必要充足の運動のよりよい授業づくりを考えていくこととする。なお、この実践については、鈴木・米川 [2014] によってその一部が報告されている。

ラジオ体操第一は楽曲に合わせて動く徒手体操であり、13の運動から構成される。単元は4時間で構成され、最初に3時間を体育の授業で行い、3週間たってから4時間目の授業が行われた。3時間目から4時間目の授業までの3週間では生活の中でラジオ体操を実践するよう指導がなされた。

単元全体の学習のねらいは、「全身の関節を力まず、ゆったりと最大限に動かすことによって健康の維持増進を図るラジオ体操の正しい理論と行い方を学び、継続して行うことで、自分の心と体の変化の様子に気づき、必要に応じて生活の中に体操を取り入れるよさを実感すること」であり、各授業時のねらいは以下のとおりである。この授業では、健康体操として始まったラジオ体操の歴史、映像による正しい行い方の確認、自分達の動きと映像資料との比較からの発見、正しい行い方の根拠になる理論の学習とさまざまなポイントに注意しながらの運動実践が行われた。

○学習のねらい1（1時間目）
ラジオ体操の理論と行い方を確認し、今できるやり方で行って自分の体の動きに気づく。

○学習のねらい2（2・3時間目）
ラジオ体操の正しい行い方を理解し、その方法によって継続して行い、心と体の変化の様子に気づく。

○学習のねらい3（4時間目）
ラジオ体操を続けて行ってきたことによる体と心の変化を確かめるとともに、運動を継続して行うことの意味を理解する。

（2）子どもたちの変化

授業当初、知っているつもりのラジオ体操を改めて学ぶ中で、子どもたちは知らなかったことが多くあることに気づいている。ラジオ体操の歴史と理論について理解した後、実際に体操をした子どもたちの動きには躍動

——学習に入る前に——

○ "ラジオ体操"のイメージをひとことでいうと……　　目が覚める、夏休み、すっきりする、気持ちがいい

○どんなところに"よさ"があるのでしょう？　　朝眠くてもすっきりするし気持ちがいい

☆学習の記録

ねらい1：ラジオ体操の考え方とやり方を確かめ、今できるやり方で行って自分の動きに気づく。

回	日時	今日やったこと	新しく知ったこと、できるようになったこと、注意していきたいことなど
1	8月22日	・ラジオ体操という運動の考え方とやり方について ・グループ学習の進め方について	・10の体を回す運動があまりうまくできない。7番の手が動く所につられて目が動けたのでよかった。

ねらい2：ラジオ体操の正しいやり方を理解し、続けて行って、心と体のようすに気づく。

回	日時	今日やったこと	新しく知ったこと、できるようになったこと、注意していきたいことなど
2	8月27日	・1～6番の練習、友だちの直したほうがいいところ探し	4番はしっかり手を大きく上げるところをしっかり注意してできた。だからできるようになった。1番はしっかり上まで上げることが分かった。
3	8月29日	・ラジオ体操のテレビを見ながら練習	8番は素早く肘を伸ばす。1番はグーで手を上げていっていたけど13番はパーで手を上げていた。キレをよくする。9番は手を前に出していた事が分かった。

回	日時	場所	できるようになったこと、注意したこと、感謝（気持ち）など
4	9月1日	体育館	10番がうまくできなかったけれど、今日できるようになって嬉しかった。できるようになって良かった。
5	9月2日	視聴覚室	9は胸をそらす前に手を前にする。11はしっかり背筋をのばしてジャンプをするといいことが分かった。
6	9月4日	教室	胸をそらす前に手を前にすることを注意してきたけれど始めの時忘れてしまった。2と12はしっかり曲げ伸ばしができて良かった。
7	9月5日	学習室	しっかり足を開く時閉じる時に注意してできた。私はラジオ体操の授業がやる前は全然疲れなかったけど今日やったらとても疲れました。
8	9月8日	学習室	○○○さんが1番で手を上げる時はグー、下げる時はパーでやるところを自分も注意してやりたいと思った。
9	9月10日	教室	7の時、手をもう少し後ろに振ったほうがいい（○○○さん）。8はもう少し手を素早く上げる。（△△△さん）
10	9月11日	教室	だんだん手首や膝をしっかり伸ばしてできるようになったと思う。毎日朝やっているからこれからも続けたい。
11	9月16日	教室	しっかり手を垂直に伸ばしたりするところがはじめての時に比べて良くなった。だから注意するところは全然なかった。
12	9月17日	教室	□□□ちゃんの体操を見た。もう少し2番の「腕を振って足を曲げ伸ばす運動」の時、手を垂直にしたほうがいいことに気づいた。
13	9月19日	教室	2番の「腕を振って足を曲げ伸ばす運動」の手首がしっかり垂直に伸ばせるようになった。
14	9月24日	視聴覚室	前にやったビデオを見た。前はなんとなく通してやっている感じがした。でも今は注意するところがなくなった。◎◎さんを教えることができた。
15	9月25日	視聴覚室	10の「体を回す運動」は円をえがくようにやったほうがうまく回せることが分かった。
16	9月26日	視聴覚室	3の腕を回す運動の時上に上げた時、少し止まる感じで回した方がいいことが分かった。7の体をねじる運動で時々テンポを間違えてしまうことがあったのを直すことができた。◎◎さんのラジオ体操が少しダラダラやっていたので注意できた。

【注意してほしいこと】
1. 体操をした翌日には、先生にカードを見せてください。
2. 決まったペア・トリオの人以外との人とやることがあってもよいです（休日には家族といっしょにやろう）。

図2　学習カードの記入例

表１　ラジオ体操の学習でわかったことやできるようになったこと
（または注意して行ってきたこと）

からだを横に曲げる運動で、初めは肘を曲げていたけど、今は肘を曲げないでできるようになった。

腕を振って足を曲げ伸ばす運動の時、足の曲げ伸ばしや、かかとを下ろして上げるがうまくいかないのでそこを注意してやりたいと思います。

腕を振って足を曲げ伸ばす運動は２回かかとを上げるところを注意した。からだを前後に曲げる運動は４回ではなく３回はずみをつけるよう気をつけた。

両足でとぶ運動でしっかり肩を動かすことを注意してやっている。

からだを回す運動は下半身を動かさないで膝を動かさないように注意してきました。

１ののびの運動の終わりの姿勢は、気をつけではないところ。６の体を前後に曲げる運動では３回だけ床に弾みをつけて曲げること。９の体を斜め下に曲げ胸をそらす運動で正面を向いてそらすこと。

からだを横に曲げる運動の５番で脇を伸ばすように注意していた。からだを回す運動の10番で足をガクガクしないように意識していた。

胸をそらす運動では手をレの字に高く上げられるように注意した。からだを回す運動は下半身が動かないで、できるように注意した。

横曲げの運動で最初はサルの手になってしまっていたけどラジオ体操を真剣にやってきて注意できるようになりました。

からだを回す運動では１カ月前まではビデオで見たらなんとなく回すようなかんじでやっていたのに気づいて、私は工夫して円をえがくようにやって見たらうまくできるようになった。

感はなく、少しとまどいながら動いているようであった。子どもたちの学習カードには「10の体を回す運動があまりうまくできない」などの記述がみられ、正しい動きへの気づきとその動きをする難しさを感じていた。２時間目の授業では、「１番はしっかり上まで上げることが分かった」というように友だちの動きを見ることによって多くのことを学んでいる（図２）。このような、人の動きを見て学ぶこと、教え合うことは最後の授業まで続いている。３時間目の授業では正しい動きについての理解が少しずつ深まっていく様子がみられた。「１番はグーで手を上げていっていたけど13番はパーで手を上げていた」など、授業における映像資料の視聴からも新たな発見をしている。この授業後の３週間で各自がラジオ体操を実践するよう指導がなされ、学習カードの記入例にみられるように、学校においても子どもたちは友だちと教え合いながら活動している。

表2　ラジオ体操を続けてきたことによる心（気持ち）や体の変化

ラジオ体操の授業がなかったときはなんとなくやっていたけど、今はきれいにできるようになった。

今まで違うラジオ体操をしてきてちゃんとしたラジオ体操をやってみるとスッキリしました。

ラジオ体操は、適当にやって、簡単だと思っていたけど、伸ばすところを伸ばしたり注意しながらやると簡単ではなかった。

ラジオ体操の1カ月前は、ラジオ体操をやる時何も感じなかったけど今は、「よーしやるぞ」「何を今日は注意しようかな」とかいろいろ思うようになってきた。

ラジオ体操を続けて、全部できるようになって気持ちよかった。できないところを練習して考えてもらったりして第二もやってみたくなった。

運動が苦手で外で遊んだりすることもあまりなく勉強にかたよっていたけど、ラジオ体操を続けたことで、体が柔らかくなったり、気持ちもすっきりする変化などがたくさんあった。

ラジオ体操で曲に揃えてみんなと合った時が気持ちよかったです。これまでラジオ体操をやってきて前は、やりたくないと思った時もあったけど、今は毎回楽しみで気持ちが変わりました。

僕は今までラジオ体操でやる気もなく自分のであってると思っていたけど全然違っていてでも正しくやっていたらできるようになって気持ちよかったです。

1カ月前は何も考えないでやってきたけれどいろんな所に意識したりするところに変化があった気がする。

私は夏休みから、毎朝テレビを見てやっていたら朝眠くても気持ちよく学校へ行くことができる。

　各自で活動を継続した後の4時間目の授業では、開始前から子どもたちは意欲的で、皆がすぐに動きたいという雰囲気の中で授業が開始された。授業開始直前に自分のラジオ体操の動きをチェックしながら「僕がんばった」と教師に話しかける子どもに対し、「うん、がんばったな」と教師がこたえる様子もみられている。授業が始まり、教師による説明の後、グループに分かれながら一斉にラジオ体操が行われた。そこでの子どもたちの動きは躍動的でありながら大きく、ラジオ体操の正しい動きにダイナミックさがプラスされていた。子どもたちの表情にも自信が感じられ、各自が細かい動きにもよく注意し、体操に集中している様子がみられ、最初の授業に比べて子どもたちには大きな変化が認められた。こうした変化は、子どもたちがラジオ体操の各運動について理解し、継続して実践したこと

によって生じたものである。表1からも「からだを回す運動では1カ月前まではビデオで見たらなんとなく回すようなかんじでやっていたのに気づいて、私は工夫して円を描くようにやってみたらうまくできるようになった」など、子どもたちが運動についてよく理解し、動きに注意して動いていることがわかる。

　また子どもたちの変化は動きだけにとどまらず、教え合い、一緒に揃って動くことの楽しさを感じている姿や活発で楽しそうな雰囲気への変化も認められた。この点については、授業を通じてのアンケートにおける「運動が苦手で外で遊んだりすることもあまりなく勉強にかたよっていたけど、ラジオ体操を続けたことで、体が柔らかくなったり、気持ちもすっきりする変化などがたくさんあった」という意見からもうかがえる（表2）。さらに「継続したい」「ラジオ体操第二もやってみたい」という意見など、今後の運動実施に肯定的な態度も認められた。

　この授業ではラジオ体操を取り上げ、これまで形式的にやっていたラジオ体操の経験をあえて考えさせるさまざまな取り組みが計画された。その結果、単なる動きの模倣ではなく、体操の理論と行い方について実体験を通じて理解することにより、子どもたちはラジオ体操における各運動を理解し、心と体の健康のために必要な運動という必要充足の機能をもつ運動の理解につながっていった。もっと具体的にいうならば、この授業ではラジオ体操について「ここはこう伸ばすのか」という知的理解、「うまくできるようになった」という成就、「からだが伸びて気持ちいい」という刺激経験が得られ、内発的に動機づけられている。すなわち必要充足の運動であっても、欲求充足の運動と同じように活動に興味・関心をもたせるように方向づける授業づくりが可能であり、その結果、子どもたちは自分にとっての運動の意義を認識し、運動そのものを目的とする自律性に基づく運動の継続につながるといえる。

おわりに

　本章では、単なる動きの模倣となりやすい体操の授業について、ほとんどの子どもが動きをよく知っているが理論と方法についてあまり理解されていないラジオ体操を改めて実践した授業を例に体操の授業のよりよい方法について考えてきた。体操の授業においては、自律性を高めることが重要であり、そのためには必要性の認識、必要を満たす運動についての知的理解に基づく運動実践が重要である。

引用・参考文献

黒田勇『ラジオ体操の誕生』青弓社、1999年

佐伯年詩雄「体操の学習指導をめぐる問題——特に新しい体育の基本的な性格と関連して」『これからの体育を学ぶ人のために』世界思想社、2006年、pp. 161〜167

鈴木秀人、山本理人、杉山哲司、佐藤善人編著『小学校の体育授業づくり入門』(第2版) 学文社、2011年

鈴木秀人、米川浩司「ラジオ体操の授業を構想する」『体育科教育』62巻11号、2014年、pp. 26〜29

Mageau, G.A. and Vallerand, R. J., "The coach-athlete relationship: a motivational model," *Journal of Sports Science*, 21, 2003, pp. 883-904.

Ryan, R. M. and Deci, E. L., "1: Overview of Self-Determination Theory : An Organismic Dialectical Perspective," E. L. Deci and R.M. Ryan (eds.), *Handbook of Self-Determination Research.* Rochester, NY : The University of Rochester Press, 2002, pp.3-33.

Standage, M. and Treasure, D. C., "Self-Determination and Motivation in Physical Education," Hagger, M. and Chatzisarantis, N. (eds.), *Intrinsic Motivation and Self-Determination in Exercise and Sport*, Human Kinetics, 2007, pp.71-85.

Vallerand, R. J., "Toward a hierarchical model of intrinsic and extrinsic motivation," M.P. Zanna (ed.), *Advances in Experimental Social Psychology*, Vol.29, San Diego, CA: Academic Press, 1997, pp. 271-360.

Wininger, S. R., "Self-Determination Theory and Exercise Behavior: An Examination of the Psychometric Properties of the Exercise Motivation Scale," *Journal of Applied Sport Psychology*, 19, 2007, pp. 471-486.

第7章 器械運動の授業を考える

はじめに

　器械運動は、ドイツのF. ヤーン（F. L. Jahn 1778～1852）が考案した鉄棒や平行棒、あん馬などの器具でいろいろな技を行ったり、雄大に美しく行ったりして運動経過を競う運動を源流としている [金子1988]。その器械運動は、一般的に非日常的な運動といわれている。つまり、学習する技は普段の生活において、ほとんど経験することのない運動ということになる。ということは、教師自身も他の運動に比べ運動経験が少ない場合が多く、自身で技を行うことができなかったり、指導方法がわからなかったりと、子どもを指導することに大きな不安を抱いてしまいやすい運動になる。それでも、教師は器械運動を児童・生徒に指導しなければならない。

　そこで、教師は児童・生徒に技を効果的に指導するために、さまざまな教材研究を行っている。とくに、技はどうすればできるのかといった「How to」である。例えば、「指導資料に示された通りの学習（基本的な技、場の活用など）を経ると開脚前転ができる」といった指導マニュアルであ

る。しかし、運動学習は、指導マニュアル通りに学習しても、なかなか技を習得することが難しい。なぜならば、運動学習は学習者が頭で考えたことを自身の体で表現する必要があるからである。実技系以外の教科は、頭で理解して文字を書く能力をもっていれば問題を解くことが可能になる。

これに対して、運動学習は、学習者自身が頭で考えたことを適確に体で表現できる能力をもっていなければ、いくら指導マニュアル通りに学習を行っても技を習得することが難しい。そして、困ったことに小学校体育においては教科書がなく、中学校では教科書はあるが他教科のように単元毎に学習過程が示されておらず、どのような順序で技を学習させればいいのかわからない。さらに、教科毎に解説している『小学校・中学校学習指導要領解説』があるが、学習内容の例示技や技の定義を示しているだけで、指導方法に関しては示されていない。

では、どうすれば効果的に技を習得することができるのか。そこで役立つのが系統的学習である。この系統的学習は、実技系以外の教科でも実践している。例えばひらがなや通分を学習する時、この学習の前に身に付けておかなければならない知識がある。それを教師は、学習者に対してさまざまな指導方法を活用して指導している。

しかし、技に対する系統的学習は、ただ単に易しい技から難しい技へ順に学習することだと認識しているのではないだろうか。この認識は、技の形の変化のみであり、前転が開脚前転に変化するために必要な能力や体の動かし方といった重要な要素が含まれていることに関しては認識されていない。そのため、易しい技から難しい技へと順に学習を進めることで一見、系統的学習を行っているように見えるが、じつは重要な要素が欠けているため技の習得が困難になるのである。技の系統的学習は、その技に必要な能力や体の動かし方を身に付ける必要があり、それを教師は学習者へ伝えて指導しなければならないのである。

そこで本章は、非日常的な器械運動の学習を効果的に行うための指導の考え方についてわかりやすく解説し、多くの学習者が楽しく技を習得できるための情報を提供するものである。

第1節　運動経験の大切さ

　なぜ、器械運動の指導は難しいのか考えると「技ができない」「わからない」「怖い」「痛い」などの原因を挙げることができる。これらの原因は教師だけでなく、学習者も同じ原因を抱えていると推察できる。
　これらの原因は、器械運動が非日常的な運動であることに関係あると考えられる。非日常的な運動とは、普段の生活では行わない運動のことを指し、器械運動の場合、逆さまになったり、縦向きや横向きに回転したりする運動が多く、その運動を経験する機会が少ない。さらに、その運動には多少の恐怖感を抱くことが考えられる。つまり、学習者の技の運動経験は、他種目の運動に比べて少なく、恐怖心を抱きやすいことから、なかなかできるようにならないのである。しかし、学習者によっては、学習する前から倒立や台上前転、逆上がりなど、すでにできる場合がある。非日常的な運動にもかかわらず、なぜ、学習する前に倒立や台上前転、逆上がりができるのだろうか。それは、先にも述べた運動経験に原因がある。例えば、小学校入学時までに多くの遊びや技を経験している子どもと、そうでない子どもの運動能力の差を考えるとわかる。日常的に遊んでいなければ、遊んでいる子どもに比べて体を動かす機会が少なく、簡単な技であっても、その技に関連した運動（遊び）を経験しないことになり、できるようにならない。つまり、いろいろな遊びを経験することは、将来の運動能力を向上させるための布石を打つことに大きく役立つのである。
　人間は歩けるようになるまでに、約1年を費やすといわれている。その1年の間には、「歩く」という運動を習得するために必要な能力を身に付ける動きを経験している。それは首が据わり、寝返りを打ち、這い這い、一人座り、伝い立ち、伝い歩きなどである。
　このように、われわれは日常的に意識することなく歩いているが、生まれて初めて覚える「歩く」は、実は非日常的な運動であり「歩く」を身に付けるために必要な能力や体の動かし方を日常的に繰り返し、経験するこ

とで習得しているのである。

　つまり、やや短絡的ではあるが、非日常的な運動の器械運動も「歩く」の習得過程に当てはめて考え、技に関連する運動を日常的に繰り返し経験することで必要な能力や体の動かし方を習得でき、技ができるようになると考えられる。例えば、「歩く」の習得過程で経験する「首が据わり、寝返りを打ち、這い這い、一人座り、伝い立ち、伝い歩き」などの運動形態の変化が器械運動の場合、どのような「運動遊び」や「基本的な技」、「発展技」にあたるのかを知ることで、技を効率よく学習、そして習得できるようになるわけである。しかし、ここで問題になるのが、どの運動遊びがどの基本的な技、発展技と関連性があるのか知らないことである。

第2節　運動領域の学習内容

　現行の学習指導要領（体育）改善の趣旨は、小学校から高等学校までの12年間を3期に分けて、児童・生徒の発達段階に応じた指導内容を整理し体系化を図ったことである。その改善の1つに、運動領域を低学年：「器械・器具を使っての運動遊び」、中・高学年：「器械運動」というように学習する学年を変更した点がある。これは、子どもの体力低下の問題から運動する子どもとそうでない子どもの二極化を踏まえ、各学年の系統性を図り改訂されたものである［文部科学省2008］。この運動領域で「器械運動」は、『小学校学習指導要領解説体育編』にも例示技として技の名称を示していることから、何を学習させるのかがわかる。それに対して、低学年の「器械・器具を使っての運動遊び」は、何を学習するのかがわかりにくいのではないだろうか。例えば、固定施設を使った運動遊びでは、「ジャングルジムや雲梯、登り棒、肋木、平均台など」で登り下りや逆さ姿勢、渡り歩き、懸垂移行、跳び下りなど施設を使った動きや、マットや跳び箱、鉄棒を使った運動遊びでは、その器械・器具を使ってできる動きなどと抽象的に示されているだけで、運動の名称がほとんど示されず、何を学習するの

かわからない。

第3節　系統的学習と技術

1. 器械運動の技——小学校3年生〜中学校3年生

　ここでは、まず小学校3年生〜中学校3年生の器械運動領域で学習する技を紹介する。なお、小学校低学年の運動遊びから紹介しないのは、中学校3年生までにどのような技を学習するのか、学校種問わず教える側が前学年段階において、どの程度の技を習得させるのかについて知ることで、今後の指導の手立てに役立つと考えたからである。とくに、現行の学習指導要領は、小学校から高等学校の12年間を系統的に学習できるように改訂されたことを考えると、学校種問わず教える側は、12年間で学習する技を知識として知るべきである。

　そこで、小学校3年生〜中学校3年生までに学習する技をわかりやすくするために『小学校学習指導要領解説書体育編』と『小学校学習指導要領解説体育編』に記載されている例示技を表1（次頁）にまとめた。なお、小学校の器械運動領域に示されている種目と技のグループを基準に中学校の種目と技のグループを示した。

　表1をみると小学校3年生〜中学校3年生までに学習する技の多くが、小学校6年生までに学習（小学校：約70％、中学校：約30％）することがわかる。つまり、小学校3年生〜6年生までに解説書に示されている例示技をどれくらい習得できるのかが、中学校での技の学習に大きな影響を与えるのである。

　では、数多くある技をどのような順序で、どのように学習させれば効果的に学習ができるのであろうか。その効果的な学習方法が系統的学習である。この系統的学習とは、どのような学習のことをいうのか。一般的に器械運動の技の系統的学習は、易しい技から難しい技へ学習することと理解

表1　小学校3年生～中学校3年生の例示技

種目	段階系	学年 小学校 3-4年生 基本的な技（発展技）	小学校 5-6年生 発展技（さらなる発展技）	中学校 1-2年生 中学校1、2年生で初めて学習する技	中学校 3年生 中学校3年生で初めて学習する技
マット運動	回転技	前転（大きな前転、開脚前転）	安定した前転 大きな前転 (倒立前転、跳び前転) 開脚前転	伸膝前転	
		後転（開脚後転）	安定した後転 開脚後転（伸膝後転）	後転倒立	
	倒立技	壁倒立（補助倒立、頭倒立、ブリッジ）	安定した壁倒立 頭倒立 ブリッジ（倒立ブリッジ） 補助倒立（倒立）	前方倒立回転　前方倒立回転跳び 首はねおき　　頭はねおき	倒立ひねり
		腕立て横跳び越し（側方倒立回転）	安定した腕立て横跳び越し 側方倒立回転（ロンダート）		
鉄棒運動	上がり技	補助逆上がり（逆上がり）	安定した補助逆上がり 逆上がり		
		膝掛け振り上がり（膝掛け上がり）	安定した膝掛け振り上がり 膝掛け上がり（もも掛け上がり）	け上がり	
	支持回転技	かかえ込み回り（前方支持回転、後方支持回転）	安定したかかえ込み回り 前方支持回転 後方支持回転	前方伸膝支持回転 後方伸膝回転　　後方浮き支持回転	棒下振り出し下り（※下り技）
		後方片膝掛け回転（前方片膝掛け回転）	安定した後方片膝掛け回転 前方片膝掛け回転	後方ももかけ回転 前方ももかけ回転	
	下り技	前回り下り	安定した前回り下り		
		転向前下り（片足踏み越し下り）	安定した転向前下り 片足踏み越し下り	支持とび越し下り	
		両膝掛け倒立下り（両膝掛け振動下り）	安定した両膝掛け倒立下り 両膝掛け振動下り		
跳び箱運動	切り返し系	開脚跳び（大きな開脚跳び、かかえ込み跳び）	安定した開脚跳び 大きな開脚跳び かかえ込み跳び	開脚伸身跳び 屈身跳び	
	回転系	台上前転（大きな台上前転）	安定した台上前転 大きな台上前転（首はね跳び、頭はね跳び）	前方屈腕倒立回　前方倒立回転跳び 転跳び	側方倒立回転跳び

※「小学校 5-6年生」でアンダーラインの引いてある技は、「小学校 3-4年生」で例示技として示されていない技です。
※「中学校 1-2年生」に示されている技は、「小学校 3-6年生」で例示技として示されていない技です。
※「中学校 3年生」に示されている技は、「中学校 1-2年生」で例示技として示されていない技です。
※中学校の「マット運動巧技系の平均立ち・片足平均立ちの技」と「鉄棒運動の懸垂系の懸垂・懸垂振動の技」「平均台の技」の技は、示していません。

されているのではないだろうか。図1は、表1に示されているマット運動の一部を抜き出して、わかりやすく系統的に技を並べたものである。

```
●マット運動
前転－安定した前転－大きな前転－開脚前転
                              －倒立前転
                              －跳び前転
                              －伸膝前転
```

図1　マット運動の系統図の例

　図1に示した技をみると、易しい前転から難しい伸膝前転へ並べられている。なお、技の名称で安定した○○と大きな○○があるが、技は安定してから大きな動きへ変化させるべきだと考え、安定した○○－大きな○○という順序で表記した。

　しかし、この並べられた順序通り学習を進めることで、最終的に伸膝前転が習得できるのだろうか。そんなに簡単に伸膝前転を習得することができないことは、指導者であれば容易に想像できるはずである。では、易しい技から難しい技への学習の利点は何なのだろうか。

　実は易しい技とは、その技のグループの中の基本的な技を指す［文部科学省 2008］。この基本的な技とは、同グループの他の技（以降、発展技と略す）すべてに共通する技術を有しており、その技術を身に付けることで、発展技を効果的に学習できることを保障する大切な技である。前転グループの場合、前転と開脚前転、倒立前転、跳び前転、伸膝前転に共通する技術として、体を丸めて転がる「順次接触技術」がある［金子 1988］。この技術を正しく身に付けることで、前転グループの技を行う時スムーズに転がることができ、発展技の習得に役立つわけである。この順次接触技術とは、背中を丸めて椎骨を1つずつ点状でマットへ順番に接触させる体の動かし方である。しかし、この共通する技術を身に付けただけでは、発展技を習得することができない。前転グループの技は、前転と開脚前転、倒立前転、跳び前転、伸膝前転と技の名称が変わる。技の名称が変わるということは、技の形態が変化することを意味する。例えば、前転と開脚前転を比べると、「脚を曲げ、脚を閉じて転がって起き上がる」技が、「脚を伸ばし、脚を

回転半径の大きさ
青：開脚前転
赤：前転

立ち位置の違い

①前転と開脚前転の比較図

開いて転がって起き上がる」技へと形態が大きく変化する。ここで注目しなければならないことは、脚を伸ばして起き上がるといった、起き上がる局面に課題があり、起き上がり難くなっている点である。これは脚を伸ばすことで、回転半径が大きくなり、それによって立ち位置が遠くなるからである（写真①参照）。

　つまり、回転半径が大きくなって転がる課題を解決するための手立てを考えなければならない。その手立ては、前転以上に回転スピードを上げて転がることである。このように、発展技は共通する技術以外に技の形態が変わることで、その技に対しての新たな課題が技に発生する。この新たな課題を解決できなければ、発展技を習得できないのである。マット運動には、前転以外に後転グループと倒立回転グループがある。いずれのグループも基本的な技に比べて、発展技の回転半径は少しずつ大きくなる。つまり、課題を解決するためには、回転スピードを上げるための手立てが重要になる。この回転スピードを上げるための体の動かし方が、新たな課題解決のための重要な技術になるのである。

2. 器械・器具を使っての運動遊び：小学校低学年

　前項では、小学校3年生〜中学校3年生までに学習する技に関して、基本的な技の技術の大切さについて解説した。ここでは、基本的な技を習得

する上で必要な能力や体の動かし方を身に付ける効果的な運動遊びについて取り上げる。

　器械運動領域ではいろいろな技を学習するが、低学年では「器械・器具を使っての運動遊び」といって、固定施設やマット、跳び箱、鉄棒、平均台を使っていろいろな動きに楽しく取り組み、自分の力に相応しい動きを身につけ、喜びを味わうことをねらいとしている。

　では、「器械・器具を使っての運動遊び」には、どのような遊びがあるのか。『小学校学習指導要領解説体育編』には、固定施設の遊具や器械・器具を使ってできる動きが示されているだけで、運動の名称がほとんど示されず、何を学習させればいいのかわからない。ただし、運動遊びの中には「マットを使った運動遊び」のように、ゆりかごや丸太転がり、「跳び箱を使った運動遊び」の馬跳びといった運動の名称が示されているものもあるが、明らかに器械運動領域の技に比べて示されている運動の名称の数が少ない。その理由として「器械・器具を使っての運動遊び」は「いろいろな動きに楽しく取り組んで、自分の力にふさわしい動きを身に付けた時に喜びを味わうことのできる運動」と明記されていることから、あえて運動の名称を示していないとも考えられる。しかし、小学校から高等学校までの12年間を系統的に学習することを考えたのであれば、技に関連する運動遊びの運動の名称を示す必要があるのではないだろうか。

　では、運動遊びにはどのような運動があるのか、文部科学省が作成した「小学校体育（運動領域）デジタル教材：低学年」を参考にして、**表2**（次頁）にまとめた。また、**表2**には運動遊びと関連性のある技、そして、運動遊びをすることで身に付く能力についても併せて示した。

　表2から各種目ともに、多くの運動遊びがあることがわかる。また、その運動遊びによっていろいろな能力を身に付けることができることもわかる。しかしその反面、多くの運動遊びと能力が示されていることで、低学年の「器械・器具を使っての運動遊び」を指導する自信がなくなってしまうのではないだろうか。

　確かに各種目、いろいろな運動遊びと能力が示されているが、**表2**をよ

表2 技と運動あそびの関係

種目	学年 グループ	小学校3年生〜中学校3年生 技名	1-2年生 運動遊び	必要な能力
マット運動	回転技	前転 開脚前転 倒立前転 跳び前転 伸膝前転、など	丸太転がり　ゆりかご　前転がり　後ろ転がり かえる　かえるの足打ち　背支持倒立（首倒立） 壁登り逆立ち　肋木 動物歩き （クマ　ワニ　くも　うさぎ　うま　あざらし　など）	体を丸める能力 転がる能力 腕で支える（押す）能力 首で支える能力 バランス能力 逆さまになる能力
	倒立技	側方倒立回転 ロンダート 頭倒立 倒立ブリッジ 前方倒立回転とび など	背支持倒立（首倒立）　かえる　かえるの足打ち 壁登り逆立ち　肋木　支持での川跳び 丸太転がり 動物歩き （クマ　ワニ　くも　うさぎ　うま　あざらし　など）	腕や頭で支える（押す）能力 手で突き放す能力（体を起こす） 逆さまになる能力 バランス能力 体を伸ばしたまま回転する能力 首で支える能力 体を反らす能力
鉄棒運動　ジャングルジム　雲梯　登り棒　固定施設を使った運動遊び	上がり技	膝かけ振り上がり 膝かけ上がり ももかけ上がり け上がり 逆上がり、など	ブタの丸焼き　ダンゴムシ　足抜き回転 ジャングルジム　こうもり（体をゆらす）　ツバメ ツバメ姿勢での足の振り上げ連続 雲梯　登り棒（1本・2本での回転） ふとんほし とび上がり・とび下り　地球まわり	腕やお腹で支える（押す）能力 手首を返す能力 逆さまになる能力　バランス能力 体を振る能力　体を丸める能力 握る能力　引く能力 鉄棒を腰や脚ではさむ能力
	支持回転技	かかえ込み回り（前後） 前方支持回転 後方支持回転 前方片膝かけ回転 後方片膝かけ回転 後方浮き支持回転	ふとんほし（体をゆらす） ツバメ ツバメ姿勢での足の振り上げ連続 雲梯　登り棒（1本・2本での回転） とび上がり・とび下り こうもり（体をゆらす） など　ジャングルジム　足抜き回転	腕やお腹で支える（押す）能力 体を振る能力　体を丸める能力 逆さまになる能力　バランス能力 手首を返す能力 握る能力　引く能力 鉄棒を腰や脚ではさむ能力 腕やお腹、足で支える（押す）能力
	下り技	前回り下り 片足踏み越し下り 転向前下り 横とび越し下り 両膝かけ倒立下り 両膝かけ振動振り下り など	こうもり（体をゆらす） 地球まわり ジャングルジム とび上がり・とび下り ツバメ ツバメ姿勢での足の振り上げ連続 足抜き回転	体を振る能力　体を丸める能力 逆さまになる能力　バランス能力 握る能力　引く能力 鉄棒を腰や脚ではさむ能力
跳び箱運動	切り返し跳び	開脚跳び かかえ込み跳び 屈身跳び、など	動物歩き （クマ　ワニ　くも　うさぎ　うま　あざらし　など） 馬跳び（連続）　タイヤ跳び　平均台跳び 連結跳び箱 ステージに向かってうさぎ跳び かけ上がり・下り ケン・ケン・パー（片足・両足跳び）	腕で支える（押す）能力 手で突き放す能力（体を起こす） 片足けりから両足けりする能力 空中に体を投げ出す能力 バランス能力
	回転跳び	台上前転 首はね跳び 頭はね跳び 屈腕前方倒立回転跳び 側方倒立回転跳び など	動物歩き （クマ　ワニ　くも　うさぎ　うま　あざらし　など） ゆりかご　前転がり かえるの足打ち　背支持倒立（首倒立） かけ上がり・下り　連結跳び箱 ケン・ケン・パー（片足・両足跳び）	腕で支える（押す）能力 片足けりから両足けりする能力 空中に体を投げ出す能力 体を丸める能力　転がる能力 首で支える能力　バランス能力 逆さまになる能力

足の振り上げと腕の引きつけ

ブタの丸焼き　　　　　　　　逆上がり

②運動遊びと技の動きの類似点

くみると種目を横断して、同じ運動遊びや能力が示されている。つまり、1つの運動遊びは、1種目に対してだけの運動遊びや能力ではなく、同一種目の異グループだけでなく、異種目の技にも役立つことを意味するのである。これは、基本的な技が発展技に役立つ共通する技術を有していることと同じように、1つの運動遊びが、いろいろな技に役立つ体の動かし方や必要な能力を有していることを意味するのである。

ちなみに、鉄棒を使った運動遊びの「ブタの丸焼き」は、逆上がりの能力を有するかどうかの判断材料として活用できるが、どのような動きが判断材料になるのだろうか。答えは「足の振り上げ」と「腕の引きつけ」の動き（写真②参照）が、逆上がりの動きと必要な能力に類似していることから、低学年でこの遊びを学習することで、学習者の逆上がりの能力をある程度、把握することができるのである。

3. 技術の転移

ここまでの解説で同一種目、例えばマット運動の前転グループに属する技によっては、共通する技術、そして類似した動きをすることがわかった。

第7章　器械運動の授業を考える　113

しかし、技には異種目ではあるが、類似した動きをする場合がある。例えば、マット運動の前転と跳び箱運動の台上前転である。両技ともに器具上で前転を行う。しかし、ここに大きな異なる課題が隠れている。それは、着手面の高さである。マット運動の前転は、マット上に手を着くと腰の位置が手より上にある。それに対して、跳び箱運動の台上前転は、跳び箱上に手を着くと腰の位置が手より下にある。この体勢では、跳び箱で台上前転はできない。では、どうすれば台上前転を効果的に学習することができるのだろうか。先にも述べたが、系統的学習を基に台上前転の動きを考える必要がある。跳び箱運動の台上前転は、マット運動の前転より高い位置で前転する課題がある。つまり、前転より高い位置に跳び上がる跳び前転の技術を活用することで、台上前転を効果的に学習できると考えられる。写真③は、マット運動の跳び前転と跳び箱運動（4段）の台上前転の動きを重ねた資料である。この写真③から台上前転を習得するためには、跳び前転ができる能力を有することで効果的に学習できることがわかる。つまり、異種目ではあるが、類似した技を習得することで技の学習を効果的に行うことができるのである。

　ここで1つ、跳び箱運動の台上前転とマット運動の跳び前転の学習学年の矛盾に関して示す。それは、『小学校学習指導要領解説体育編』に跳び箱運動の台上前転は、小学校中学年の例示技として、マット運動の跳び前

③跳び前転と台上前転

転は、小学校高学年のさらなる発展技として例示されていることである。先にも述べたが、跳び箱運動の台上前転は、マット運動の跳び前転ができる能力を有することで効果的に学習できる。しかし、学習者は両技の学習する学年が異なることで、効果的に技の学習を進めることができないことになる。このように異なる器具上で前転するだけだが、大きく課題が変わることで、身に付ける能力も大きく変わるのである。教える側は、中学年あるいは高学年の例示技として示されているからといって、単純にその学年で学習させるのではなく、技の課題や学習者の能力を考え指導しなければならないのである。

4. 運動能力の把握

　中学年、高学年で学習する器械運動領域では、「自己の能力に適した技ができるようにするとか、技が安定してできるようにする」といった記載がある。では、学習者は何を基準に「自己の能力に適した技」を判断するのだろうか。この判断材料は、その技を学習するために必要な能力や基本的な技ができるかである。これは、先にも述べたが基本的な技の場合であれば運動遊び、発展技であれば基本的な技になる。つまり、技に関する情報が何もなく、学習者自身が能力に適した技を選択するのではなく、指導者が学習する技に必要な能力や基本的な技が何であるかを把握することで、学習者を効果的な学習へと誘導できるのである。そのためには、**表1・2**や**写真①〜③**などの知識を有する必要がある。このことは、中学校教員に関しても同じことがいえる。中学校の体育教員は、体育指導のプロフェッショナル（体育専科）として学校に採用されている。つまり、学校種が異なっていても、小学校で学習すべき技が習得できていない学習者に対して、中学校教員は体育指導のプロフェッショナルとして適切な指導をする義務があるのではないだろうか。そのためには、**表1・2**や**写真①〜③**などの知識を有する必要がある。

おわりに

　器械運動の学習で子どもたちは、いろいろなつまずきを指導者に対して発信する。その信号をうまく受信するためには、子どもたちと同じアンテナの高さになって受信しなければならない。その受信した信号に対して応答するには、器械運動に関する情報を数多くもっていなければならない。そのために、教員は器械運動の研究を校内や市・区・都道府県単位で頻繁に行い、その度に教材研究を行い多くの教材を開発している。しかし、その開発された教材は、どのように活用されているのだろうか。全国に数多くの小・中学校があるが、1校につきどれくらい器械運動に関する研究が行われ、それに対して、どれくらい教材開発が行われてきたのだろうか。これは推測ではあるが、教材開発された資料のほとんどが、机の上の本棚や書架の中でほこりをかぶっているのではないだろうか。

　子どもたちが発信してくれた「つまずき」という大切な信号。つまずきには、必ず原因が存在する。その原因を解決するために教材研究を行っているはずである。

　本章に記述したことは、教材開発された、あるいは教材開発するために最低限知っておかなければならない知識である。例えば、既存の指導教材で解決できない場合でも、できない原因を再度考え直す手立てとして、本章に記述した知識を活用することで新たな教材開発に役立つはずである。

参考文献

金子明友『体操競技のコーチング6版』大修館書店、1988年

文部科学省『小学校学習指導要領解説書体育編』2008年

文部科学省「小学校体育（運動領域）デジタル教材：低学年」2013年

第8章

陸上運動・陸上競技の授業を考える

はじめに

　陸上運動・陸上競技の単元において、「子どもにとって意味のある学習」とは、いかなるものなのだろうか。大切なことは、「意味のある学習」の捉え方である。教師の側からすれば、学習指導要領に示された内容が子どもたちに伝達されていることを「意味のある学習」と捉えるかもしれない。もちろん、それは教師の使命を果たすと同時に子どものためであると認識されている場合が多い。しかし、このような捉え方だけでは、実践場面において教育の非対称性の問題をより広げてしまうことにもつながる。教育の非対称性とは、教師が教えようとしたことと、子どもたちが学んだことが必ずしも一致しないということである。例えばハードル走で、ハードリングの際にディップ（前傾姿勢）させることを学習内容に据えた場合、教師がそれを重要な技術として教えようとしても、子どもたちにとって必然性がなければ「よくわからないけど先生のいうことだから聞いておこう」と「児童役」を演じることを子どもたちが学ぶといったように、本来陸上運

動・陸上競技で学んでほしい特性が伝達されないということである。

　そこで、大切になるのが「子ども自らが意味づけた学習」＝「子どもにとって意味のある学習」という考え方なのではないだろうか。特に陸上運動・陸上競技の場合は、クローズドスキルであるため、その指導法が固定化されやすい。そして、授業をする先生たちは、ある技術を身につけさせることに関心が集まり、「どうすれば」その技術が身につくのかを考える傾向にある。しかし、この「どうすれば」という問題関心の背景には、子どもはコントロールできるということが前提になっている［田中 2011］。しかし、子どもが夢中になって学ぶかどうかは、コントロールできない。だとすれば、子どもたちが「わぁ！　おもしろい」と思える文化装置を体育授業で準備するしかないのではないだろうか。そのように理解した上で、子どもたちが「どうすれば、より速く、より高く、より遠くに」に関心をもち、試行錯誤していけるように授業デザインをしなければならない。

　よって教師は、思考の手助けを児童との相互作用の中で状況に応じながら対応していく必要がある。「このように授業をすれば、子どもたちがハードル走や走り高跳び、走り幅跳びなどの記録が高まる」という方法論的正解はない。だからこそ、本章を読み進めながら、陸上運動・陸上競技の授業づくりをする視点を共有しながら一緒に考えてもらいたい。

第1節　問いの重要性

1. なぜ問いが重要なのか

　子どもたちが、陸上運動・陸上競技に飽きる時は、どのような状態になっているのだろうか。多くの教師は、記録が伸びなくなると子どもたちはおもしろくなくなると認識しているのではないだろうか。しかし、記録が伸びない＝つまらないと捉えてしまっては、授業は成立しない。陸上競技を一所懸命取り組んでいるアスリートでも、数年間記録が伸びない、勝

てないことはよくある。であるならば、なぜアスリートは、毎日トレーニングし続けるのかを考えてみる必要がある。

　それを理解するためのカギは、結果への志向と過程への志向の二面性を整理することではないだろうか。現代社会においては、短期的な結果への志向が強い。本来、余暇を楽しむはずのスポーツが、社会の流れと共に成果主義的に捉えられることが多く、すぐに子どもたちの答えや結果を求めようとする。このような現象は、「結果にコミットする」というような文言が社会に溢れていることからもよくわかる。もちろん、目標としての結果への志向は重要であるが、あきてしまうのは過程での出来事である。つまり、過程においてPlayできなくなる、おもしろくなくなるのである。だとすれば、過程において何が起こっているかを考えなければならないということであろう。おそらく授業では、競争するコトや練習するコトに意味が見出せない＝なぜこんなことをしなければならないのかが分からなくなっている、もしくは、何をどのように工夫したらよいのかわからないという意味づけのレベルで問題が起こっているのである。つまり、この遊びを遊ぶ時に取り組むべき問いとその問いを解決するためのアイディアがなくなっている状態が、飽きるのである。

　ゆえに教師は、子どもたちが試行錯誤し続けられるように、その運動がもっている問いを提示し、子どもたちが「どのようになっているんだろう」「なぜかな」と疑問をもち、その疑問を解決していけるようにすることが必要になるのではないだろうか。

2. 実践例「ハードル走における問い」

　例えばハードル走は、「ハードルを走り越しながらいかに速くゴールまで走り切ることができるかな？」という運動そのものがもつ問い（挑戦課題）が基本命題として存在している。この問いを共有することによってはじめて、自らの課題として意味づけ、子どもたちが試行錯誤していくことにつながり、意味のある学習に向かって自発的に取り組んでいけるのであ

る。もちろん、この問いを提示すれば終わりではなく、常にこの問いがおもしろいと感じられるような文脈（雰囲気）をつくらなければならない。ただ、この大きな問いだけでは、漠然としすぎて子ども同士のディスカッションや試しながら考えることの活性化はありえない。

　そこで、例えば６年生くらいであれば、「どうすればハードルをトップスピードで走り越すことができるかな」という問いを提示し、ハードルを13m地点に１台だけ置き、20m地点にゴールラインを引く。そうすることによって、子どもたちはスタートや１台目までの走り方、そしてハードルの走り越し方をいろいろと工夫することにフォーカスが当たって何度も取り組む中でおもしろくなってくる。次に「どうすればハードルをトップスピードのままで走り越すことができるかな」とし、ハードルを３台（実態に応じるがインターバルは６〜７m）設置した30mの場を準備する。トップスピードで１台目を走り越した後、２台目、３台目をうまく走り越す方法を考えることができるとおもしろい。さらに、「どうすればスピードを落とさずに走り越すことができるかな」とし、ハードルを５台設置した50mの場を準備する。そうすることで、インターバルを３歩のままで走り越すのがよいのか、４歩、５歩に切り替える方がよいのか、子どもたちは自らの身体と相談しながらさまざまなことを工夫することができる。そうすれば、単元の中で飽きることはなくなるのではないだろうか［河野・原2014］。もちろん、小さな問いの中で、こんな風にしてみようというアイディアがなくなれば、または、どんなことに挑戦しているのかがわからなくなれば、おもしろくなくなることはあるだろう。そんな子どもがいた時に、教師がうまく関わって、他の子どもの意見を整理し新たなアイディアを共有したり、やる気にさせたりするのが指導になるのである。

第2節　競争のおもしろさ

1. 勝敗の未確定性

　勝利至上主義批判と共に、競争するコトのおもしろさが否定される場面はよくみられる。勝つためには何をしてもいいということと、Playとしての競争が混同されているのである。一方で、スポーツクラブなどで競争に強く意味づけられている子どもは、競争させると周りがみえなくなって手が付けられなくなるといったことから、授業の中で競争を取り入れることを躊躇する教師も多い。また、「競争は嫌だ」とこれまでの経験から、競争することのおもしろさを意味づけることができない子どもに合わせて、競争することとみんなで仲良くすることが区別されなくなることも多い。では、陸上運動・陸上競技において競争が子どもにとって意味のある学習になるには、どのように考えればよいのだろうか。

　まず、playとしての競争を考える際に、「勝った・負けた」という結果への志向だけではなく、競争をするためにスタート地点に立っている子どもへの共感的な理解が必要になる。「どうせ、負けるし……」となっていては、そもそも一所懸命遊ぼうとはしない。

　「僕の方が速いか、君の方が速いか、どっちが速いかな？」という揺らぎの中で勝敗の未確定性が担保されてこそ、おもしろいのである。また、競争の結果ではなく、競争の結果を次にどう生かすのかが重要であることを子どもたちが理解すれば、単に競争するだけでなく、競争そのものの中に意味が見出され、次の競争までにどのように工夫するのかが大切にされていく。そうすることで、競争がPDCAサイクル（plan-do-check-act cycle）を回していく契機になるとも考えられる。

　さらにいえば、競争は他者関係の中で初めて成立する。私が競争するのではなく、私たちが競争するのである。だとすれば、短距離走「で・遊ぶ」時には、私と相手が遊び関係の中で「勝ち・負け」の間を共に揺れ動

く仲間にならなければならない。そして、一緒に競争する仲間は、「敵」ではなく、ともに遊びを成り立たせるパートナーとならなければならないのである。このことを授業の中で、子どもたちと一緒に実感を伴った形で学ぶことができれば、そこには勝利至上主義とは異なった形で、競争の豊かな世界が立ち上がるのではないだろうか。

2. 実践例「短距離走・リレーにおける勝敗の未確定性」

　特に、身体的特徴やこれまでの経験が表出しやすい陸上運動や陸上競技において勝敗の未確定性を担保するには工夫が必要である。単純に50m走で競争することもおもしろいが、力の差がある相手と競争するには、ハンディや結果が最後までわからない工夫をしたくなるものである。

　例えば、ハンディを付ける場合、スタート位置をずらす方法がある。ただし、これは競争を楽しむ子ども同士の間で結果の未確定性を楽しむ態度が相互了解される必要がある。また、ハンディをもらう方は、次はハンディを少なくしていく態度が求められることも了解されなければならない。

　結果が最後までわからないような工夫は、対面競争（図1）やワープリレー（図2）などが考えられる。同じ方向に向かって走るのではなく、対面で走ればゴールは同じでもその差を認識するのが難しくなり、最後まで

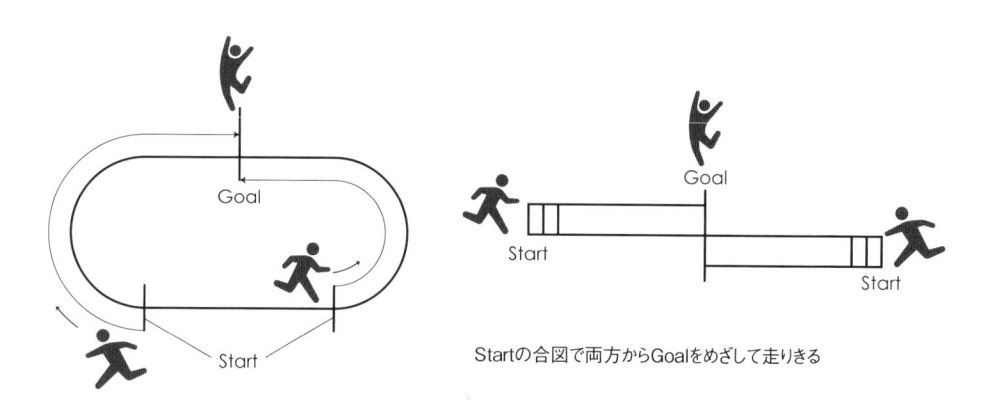

図1　対面競争

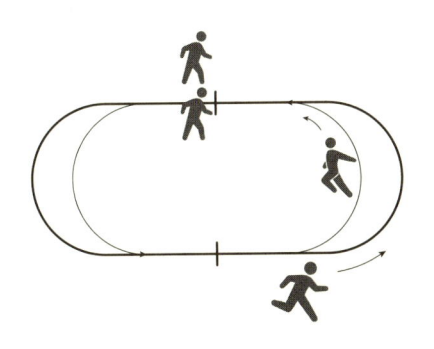

図2　ワープリレー

ドキドキする世界をつるくことができる。またワープリレーでは、だれがワープするのかを工夫することも考えられ、勝敗の未確定性は担保されやすい。ただし、何が原因で負けたのかが分かりにくくなり偶然性が高まることによって、次への工夫は見出しにくくなることは理解しておかなければならない。それでも、どうすれば共に競争を楽しむことができるのかという問いに対して、より遊びを楽しくしていく方法としての学びになれば、それは子どもたちにとって意味のある学習へとつながるのではないだろうか。ただし、競争はあくまでも味付けの部分である。陸上運動、陸上競技の学びは、そのプロセスにあるわけであるから、子どもたちが考えなければならないことがある。それは、どうすれば勝つことができるかということから、勝つためにどうすれば速くバトンをつなぐことができるかということに焦点を当てるということになる。あくまでも、結果ではなく、プロセスに学びの重点をおきたいものである。

第3節　記録の向上のおもしろさ

1. 記録のもつ意味

陸上運動・陸上競技においては、その結果を数字で示すことが可能であ

り、その記録を伸ばしていくことを楽しむことが可能な種目である。さまざまな条件が変化する中で、より速く、より高く、より遠くへと、1秒1cmを縮めたり伸ばしたりしていくことがおもしろい。ただし、発達段階においては、その数字の意味が捉えにくい場合も多い。それは、日常生活における1秒1cmのもつ意味と、陸上運動・陸上競技の世界の中で楽しむための1秒1cmの違いがわからないからである。また、それらが誤差の範囲に入ってしまうとさらに楽しめなくなってしまう。また、先ほどの競争も同様であるが、記録はあるプレーの結果である。その結果のつながりやその結果に至るまでのプロセスを時間軸上に落とし込んで考えていかなければ意味のある記録にはならない。つまり、結果としての記録をプロセスとしての学びにつなげていかなければならないということである。発達段階に応じた記録の意味を考えながら授業を展開していこう。

2. 実践例「走り高跳びにおける記録」

　走り高跳びの記録は、低・中学年だと「私は〇〇cm跳べたよ」といっても、その〇〇cmがそれほど意味をもたない場合が多い。それより、「ガードレールが跳び越えられたよ」の方がイメージとの結びつきがなされやすい。「じゃあ、僕はガードレールに消しゴムを置いた高さを跳び越えてみたいな」となっていくと、その記録に意味が生まれてくる。高学年になってくれば、数字の意味が理解できるようになるが、そうすると今度は身体的条件が開いてしまう。そこでよく用いられるのが、ノモグラムである。走高跳の目標値を設定し、それに向かって記録を向上させることに目を向けたこの方法は、目標記録＝（身長÷2）－（50m走のタイム×10）＋120で求めることができる。アンダーラインの数字は実態に応じて変えるとしても、子どもたちが自分の可能性を見出し、高さにこだわりが出てくれば、より高く跳ぶために「助走から踏み切りまでを〇〇なようにして、体をこう使えばいいかもしれない」とアイディアがつながっていく可能性が生まれる。

3. 実践例「走り幅跳びにおける記録」

　走り幅跳びも同様であり、低・中学年においては、数字の意味が分かりにくい。例えば、写真①のように川跳び越しにすることによって、「スポンジ（段ボール・新聞紙）を何個分跳べたよ」とイメージがわきやすくなる。ただし、気をつけたいことは、高学年の導入でこの方法を用いてしまうことである。なぜなら、川跳び越しがもっている問いは「目標物を踏まないように着地することができるかな」であり、走り幅跳びがもっている問いは「いかに遠くへ着地することができるかな」となっており、意味世界が異なるからである。この違いは、子どもたちにとって異なった世界を準備することになる。単に、動きが同じだから同じことをしていると捉えるのは、危険なのである。まさに跳ぼうとしている子どもたち＝プレイヤーの側から、その運動を捉え共感しながら授業を展開していくことが、これからの陸上運動・陸上競技の授業に求められている。

①スポンジを踏まずに跳び越えられるかな？

おわりに

　陸上運動・陸上競技をするにあたって、正しい正解となる動きを暗黙裡のうちに設定し、授業を行っている教師は多い。もしくは、専門ではないからと子どもたちの学びを考える事を放棄する方もいる。しかし、正しい動きなど存在するのであろうか。存在するのは、目の前にいる1人ひとりの個性をもった子どもである。かの有名なカール・ルイスが腿上げを一所懸命していると日本人が誤解したように、運動を外側から捉えることだけではうまくいかない。カール・ルイスは、腿を上げることではなく振り下ろすことを意識していたようである。また、ウサイン・ボルトは脊椎側弯症であるために左右のストライドは、かなり異なる。これまでの科学で常識とされてきた、左右対称な動きがより速く走ることにおいて最も重要であるという定説を、彼はひっくり返したのである。これらのことから私たちが授業づくりをする際に学ばなければならないことは、それぞれがそれぞれの身体に応じた工夫の仕方を模索しているということではないだろうか。つまり、今もっている力で挑戦し、その高まった力で新たに挑戦していくというサイクルが重要なのである。単に正しいといわれている情報を鵜呑みにせず、子どもたちが問いに向かって課題解決していく方法（knowing how）を身につけつつ、豊かに陸上運動・陸上競技の特性を味わえるような装置を準備できれば、子どもたち自らが「意味のある学習」を始めていくのではないだろうか。

参考文献

河野佑太、原祐一「『いかに速く』を追求するハードル走」『体育科教育』62巻10号、大修館書店、2014年、pp. 58～61

田中智志『他者の喪失から感受へ──近代教育装置を超えて』勁草書房、2011年

第9章

ボールゲームの授業を考える

はじめに

　本章では、小学校の学習指導要領の低中学年において「ゲーム」、そして高学年では「ボール運動」と呼ばれ、中学校と高等学校の指導要領においては「球技」と呼ばれている、ボールを扱う運動種目を総称して「ボールゲーム」と記すことにする。
　このボールゲームは、体育授業で取り上げられているさまざまな運動の中では子どもたちに人気がある領域といえるだろう。器械運動や持久走などをあからさまに嫌う子が目立つのに対して、ボールゲームを好きな子どもは比較的多いように思われる。従って、その授業の様子をのぞいてみると、一見、みんな嬉々としてやっているようにみえる。
　しかしながら実際は、どの学級にもゲームに参加できない子がいるという悲しい現実に、教師であれば誰もが気づいているはずである。例えば、ボールに全然触れない子、まして得点したことなんて1回もない子、何もできずにコートの後ろや隅っこでただ突っ立っているだけの子……といっ

た姿である。そしていうまでもなく、このような子どもは増えている。種々のデータが示しているように、1980年代半ばを境に子どもたちの運動能力は大きく低下したから、運動が苦手な子は増加こそすれ減ることはないからである。

　しかも、学校体育のボールゲームのカリキュラムは、以前から「二大種目」といわれるようにバスケットボールとサッカーを中心につくられてきたが、ここ20数年の間に、この２つの種目は学校の外で経験できる場が飛躍的に増大している。従って、クラスの中にはボール扱いもままならないほど運動が苦手な子が増えているその一方で、バスケットボールとサッカーについては、かつてはみられなかった大人顔負けの上手な子がいるのである。

　ここに象徴されるように、運動をする子としない子のいわゆる「二極化」が進み、ただでさえ体育の授業では個人差の広がりが授業づくりを難しくしているのに、ボールゲームはその問題がより先鋭化して現れるのであり、無論それはバスケットボールとサッカーだけに限られるわけではない。こういった現実を前にして、私たちはボールゲームの授業をどのように考えていったらよいのだろうか？

第1節　問題の解決へ向けた取り組み

1. ２つの方向性

　これまでに述べてきたような問題の解決へ私たちが向かおうとする時、そこには大きく以下に述べる２つの方向性があるように思われる。

　１つは、バスケットボールやサッカーをはじめとする、これまでに取り上げてきたボールゲームの授業をさらにいろいろな視点から工夫し、運動が苦手な子もそのゲームを学習できるようにするという取り組みである。例えば楢山は、直径45cmの通常のバスケットボールのゴールリングでは、

小学校高学年でも6分間のゲームを行って合計得点が10点以下という場合がほとんどである状況を問題にし、直径65cmの特注リングを設置して同一時間のゲームでも24〜30点ほど得点する、すなわちほぼ30秒に1回ゴールができるようなゲームを導くことに成功している［鈴木他編著2014］。こういった種々さまざまな工夫は、すでにボールゲームの授業づくりにおいて豊富な実践の蓄積がある。

　そして2つめに、これまでは体育の授業であまり取り上げてこなかった新しいボールゲームの可能性を、運動が苦手な子もゲームに参加しやすいという視点から検討してみる取り組みがある。佐藤・鈴木らのタグラグビーの研究［佐藤・鈴木2008など］はその典型であり、そこでは、ポートボールに比べるとタグラグビーのボールを持って走れるというゲーム参加の契機となるプレーは子どもにとってやさしいこと、得点の仕方もやさしくてポートボールよりも全員に得点経験をさせやすいこと、そしてそういった特徴があるタグラグビーは個人差が顕在化しにくいゲームといえること等々が明らかにされており、その特徴を活かす授業実践の在り方も提案されている［鈴木編2009］。

2. ルールの工夫とそれをめぐる問題

　ところで、これら何れの取り組みにおいても、授業づくりをする教師が必ず考えなければならないことにルールの工夫が挙げられる。先述の楢山の実践では、オールコートでありながら3対3という人数でゲームを投げているし、佐藤・鈴木らの実践では、パスを取り損ねてボールを前に落とすノックオンの反則は学習当初は反則にしないが、前方へのパスを禁ずるスローフォワードのルールはたとえ初心者であっても最初から適用されなければならないとしていた。

　このように、いわゆる公式ルールを絶対視せずにルールを工夫することは、ボールゲームの授業づくりにおいて、子どもたちの実態から「今もっている力でゲームを楽しむ」学習を導くためにはどうしても必要なことと

いえる。小学生は発達段階からみても公式ルールでゲームをすることは難しく、また中学校や高等学校の授業においても、さまざまな場面において公式ルールではゲームに参加できない多くの生徒がいるのが現実だからである。

けれども、従来、そういったルールの工夫はそれぞれの種目の中で、個別具体的に目の前の現実にとりあえず対応することを繰り返してきた傾向があり、種目の違いを超えてルールの工夫を考える手がかりとなるような根拠は明確にされていないように思われる。

その結果、目の前の子どもたちにとって難しいと思われるある技術を十分な検討のないまま排除したり、ただ単に得点をとりやすくするために攻撃側の人数を増やしたり、といった極めて安易な取り組みによって、一体このゲームはどこにおもしろさがあって、子どもたちは何を学習しているのか疑問を抱かざるをえないようなゲームが行われている授業もみられるのである。

そこで次節では、タグラグビー、ポートボール、バレーボールの3つによくみられるルールの工夫をめぐる状況に検討を加え、そこでは何を問題とするべきなのかを明らかにしてみることにしよう。

第2節　3つのボールゲームの授業にみられる状況の検討

1．「前パスOK」ルールのタグラグビー

それでは最初に、タグラグビーの授業において再三目にしてきた、本来は反則である前方へのパスをしてもよいことにしたルールの工夫について検討してみる。この工夫がよく行われる理由として、ボールを前に投げてはいけないという他のボールゲームにはみられない特有のルールが子どもたちにとって非常に難しいと教師が考え、それを排除することでやさしくしようとしたことは容易に察しがつく。けれども、このルールではタグラ

グビーのゲームは明らかに崩壊して滅茶苦茶になってしまうのである。

　そのゲームの崩壊は、防御側が攻撃側プレイヤーのタグをとりにいかなくなるという形で現れる。写真①にみられるように、タグラグビーでは

①タグラグビー

ボールを持って走ることで前進してくる攻撃側に対して、防御側はその腰についている左右どちらかのタグをとることでその前進を止めることができる。つまり、このタグをとるという行為は、陣取りという特性を有するラグビーの防御手段であるタックルを代替するプレイであり、防御側に許されている唯一の防御手段なのである。にもかかわらずそれを放棄してしまい、防御側の誰もがタグをとりにいかなくなってしまうという事態はなぜ生じるのだろうか。

　図1は、ラグビーで行われている陣取りの意味を説明している。ラグビーでは、ボールを持って自由に走ってよいという強力な武器を攻撃側に与えている。これに対抗するために、防御側にも直接ボールを持つ相手に体当たりして止めるタックルという強力な武器を与えることで、このゲームの「攻防のバランス」は成立している。このタックルを子どもでもでき

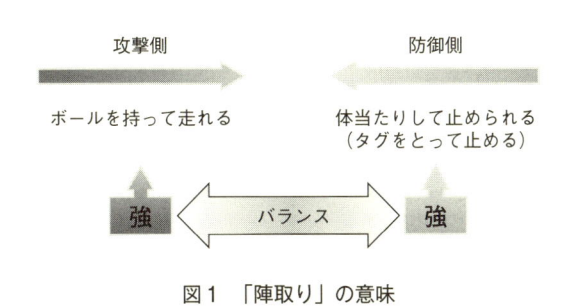

攻撃側　　　　　　　　防御側
ボールを持って走れる　　体当たりして止められる
　　　　　　　　　　　（タグをとって止める）
　　　強　←バランス→　強

図1　「陣取り」の意味

第9章　ボールゲームの授業を考える　　131

　　　　　　　攻撃側　　　　　　　防御側

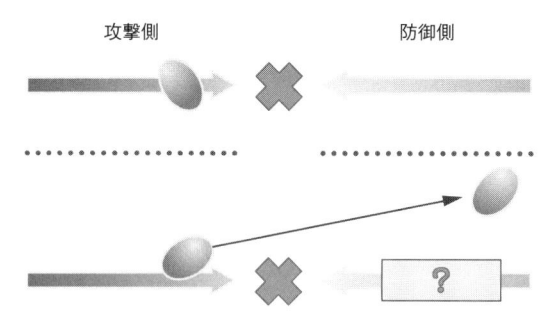

図2　「陣取り」の意味の消失

出所（図1・2とも）：筆者作成

るようにピンポイントの身体接触に置き換えているのがタグをとることである。ここで注意しなければならないのは、陣取りは攻撃側のみが行っているのではなくて、防御側もタックルないしタグをとる地点まで前進をはかって陣取りをしているということである。すなわち、攻撃側と防御側が相互に陣地の取り合いをしているのである。

　しかし図2に示されるように、防御側にタグをとられて前進を止められた攻撃側が次のパスを前方にしてよいルールでは、そこまで前進して防御側が獲得してきた陣地が無に帰すことになる。この陣取りの意味の消失は、現実にはタグをとりにいくと自分の後方のゴール前が手薄になるということよりも、タグをとることでは攻撃側の前進を実質的に止められないのでそれは防御手段として何の有効性ももちえないということを意味する。小学生でもこのことにはすぐ気がつくから、誰もタグをとりにいかなくなってしまうという事態に至るわけである。言い替えるとこの事態は、防御側が著しく不利になるという点で「攻防のバランス」が崩れていると理解することができるのである。

2. 「ドリブルのかわりにボールを持って走ってOK」ルールのポートボール

　次に、小学校の中学年あたりで時々見聞きすることがある、ポートボールの授業においてボールを持って走ってもよいというルールが採用された

ゲームを検討してみたい。ドリブルというボールを運ぶ技術が、初めてバスケットボール系統のゲームを学ぶ小学生の子どもたちには難しいから、そこをやさしくしたいという教師の意図はわかる。だが、この工夫によって子どもにやさしいゲームは果たして導かれるのだろうか。

ポートボールの元になっているバスケットボールは、冬期に室内で行える魅力あるボールゲームを開発する必要があったYMCAのインストラクターが、戸外で行われていたラグビーに発するアメリカンフットボールを室内向けに作り替えることで生まれたという。

この経緯について水谷は、フットボールを室内に持ち込むにあたり、その激しい身体接触を排除することが最大の課題となったインストラクターの思考の道筋を次のように辿っている。「フットボールでは、どうしてラフプレーが絶えないのだろうか？　ボールを保持している者へのタックルが許されているからではないか？　では、なぜタックルが許されているのか？　ボールを保持している限り、自由に位置を移動できるからだ。それを止めるにはタックルしかない。ならば、ボールを保持している時に位置を変えることを禁じたら、タックルは要らなくなるのではないか？」[水谷 2011]。

かかる思考の道筋を、ラグビーの陣取りの意味を説明した図1と対比さ

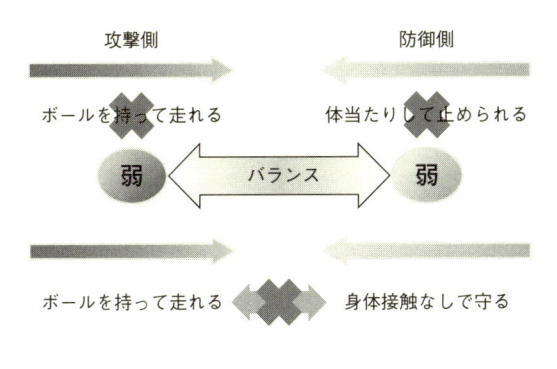

図3　バスケットボールの「攻防のバランス」

出所：筆者作成

第9章　ボールゲームの授業を考える　*133*

せる形で示したのが図3である。バスケットボールは、タックルをなくすことで防御側に与えられた強力な武器を取り上げようとした。そもそもタックルは、攻撃側に与えられたボールを持って自由に走れるという強力な武器に対抗するための手段だから、タックルの必要性をなくすためには、攻撃側が自由に走れることも禁じなければならない。つまり、バスケットボールでは、攻撃側がボールを持ったまま自由に走れないという制約があるからこそ、防御側も直接的な身体接触ができない守り方で守ることができるのであり、このゲームの「攻防のバランス」は、攻撃側と防御側のそれぞれに与えられた武器を弱くすることによって成立していると理解できるのである。

　この点を押さえるならば、先述のようなドリブルの代わりに攻撃側にボールを持って走ることを許してしまえば、もはやバスケットボールの守り方ではその前進を止める有効な手立ては存在しないから、「攻防のバランス」は著しく崩れてしまうことがわかる。従って、このルールの工夫によるポートボールのゲームも、必然的に崩壊せざるをえない。

3．「ワンバウンドOK」か「キャッチOK」かが議論となるバレーボール

　さらに、ネットを挟んで攻撃側と防御側が完全に分離されるバレーボールのルールの工夫について検討してみよう。バレーボールは、小学校におけるソフトバレーボールを含めて、体育の授業で最もうまくいっていないボールゲームといえるのではないだろうか。だからこそ、写真②にみられるように、コート内に入って自分が届く位置からサーブを打ってもよいというルールをはじめ、多くの工夫が行われているわけだが、その中からここでは、しばしば対立的に捉えられて議論となる「ワンバウンドOK」ルールと「キャッチOK」ルールを検討の俎上に載せてみる。

　この「ワンバウンドOK」ルールと「キャッチOK」ルールは、授業において併用されることは少ない。考えてみれば、ボールをキャッチしてよいのならばわざわざワンバウンドさせる必要はなくなるし、ボールがワンバ

ウンドしてからのレシーブ
が認められるのならばそれ
をキャッチする必要もほと
んどなくなるだろう。ただ、
この２つのルールの工夫が
あまり併用されない理由に
は、そういった次元とは異
なる理由があるようにも思
われる。

②バレーボール

　それは、ワンバウンドを
OKにする教師は、ボールをキャッチせずに手で打つ（ボレー）ゲームである点にバレーボールの特性を見出そうとしているのに対し、キャッチをOKにする教師は、自陣コートにボールを落とさせないようにするゲームである点にバレーボールの特性を見出そうとしているということである。よって前者はボールをキャッチすることを許容できないし、後者はボールをバウンドさせることを許容できないのである。つまり、このルールの工夫が併用されないのは、その工夫を用いる教師のバレーボールの特性の捉え方が異なることに起因するともいえるのである。

　そこで、ここで改めてバレーボールの特性を考えてみると、確かに後者がいうように、実際にプレーをしているプレイヤーにとっては目の前のボールを自陣コート内に落とされないことは大きな課題として認識されるものの、そのことが競い合いの本質ではないことに気がつかざるをえないのである。というのも、バレーボールではボールを落とされなくても失点することがあるからだ。いうまでもなくそれは、制限回数内に相手コートへボールを返球できない場合であり、その点を押さえると、ボールを落とされる（＝ボールを拾えない）ことは、相手コートへボールを返せないケースの１つであると考えられる。

　そのように考えると、バレーボールは、ネットを挟んで双方のチームが完全に分離されているため、自陣コート内では相手にじゃまされないとい

第9章　ボールゲームの授業を考える　　*135*

う利点を活かして攻撃を組み立てて、相手に返せないようなボールを手で打って相手コートへ送り、相手がそれを返せない時に得点になるという形で勝敗を競い合うところにおもしろさがあるのではないだろうか。つまり、そこでの競い合いの本質は、ボールを「落とせるか－落とされないか」というよりも、ボールを「返せるか－返せないか」にあるといえそうである。

　このように考えてくると、もはや「ワンバウンドOK」ルールと「キャッチOK」ルールは対立するものではなく、一般的にアンダーハンドのレシーブやパスも不安定な学習の初期段階では、「ワンバウンドOK」が「返せるか－返せないか」という特性を今もっている力で味わう学習を導くルールとして有効な場合が多いし、その後の学習で、いわゆる三段攻撃の習得が射程に入ってきたような段階では、レシーブ後のボールを「キャッチOK」にするとトスからスパイクへと攻撃を組み立てやすく、「返せるか－返せないか」という特性を高まった力で味わう学習を導きやすいルールとなる場合が少なくない。

　大切なことは、それぞれの段階で「返せるか－返せないか」という競い合いのあるゲームを生み出すルールの工夫になっているかどうかということである。そしてどのボールゲームにおいても、そのようなルールの工夫を考える際に、「攻防のバランス」は重要な根拠となるだろう。それぞれのボールゲームに特有のおもしろさを味わうゲームとは、やってみないとどちらが勝つかわからない結果の未確定性が保障されたゲームなのであり、それは、攻撃と防御の間に優劣の著しい差がないバランスのとれたゲームだからである。

おわりに

　ボールゲームの授業におけるルールの工夫は、圧倒的に小学校の授業実践で取り組まれてきた。一方、中学校や高等学校の体育では、ルールの工夫が十分ではないというよりも、むしろ公式ルールを絶対視した授業が多いのが実情であろう。

だが、冒頭でも指摘した運動をする子としない子のいわゆる「二極化」が進み、体育の授業では個人差の広がりが授業づくりを難しくしている現状では、運動部活動に参加するかしないかで個人差は中学・高校期に増々拡大していくのである。従って、これまで小学校で盛んに取り組まれてきたようなルールの工夫は、中学や高校の授業においてより一層必要性が増していくものと認識されなければならないはずなのである。
　しかしながら、中学や高校の体育を専門とする教師の間で如上の認識が未だ共有されない1つの理由は、公式ルールとは違うルールで行うゲームを「偽物」と嫌い、中学や高校では「本物」、すなわち競技団体が定めた公式ルールで行うゲームを教えたい、あるいは教えるべきだという考え方が根強いことにあるのではないだろうか。
　特に、中学・高校の体育教師は公式ルールに則った競技生活である運動部活動に自身が熱心に参加した過去があり、かつ教師になってからも指導者としてそれに関わり続けている者が多いことも、それぞれが打ち込んできた種目の専門家意識を高めることに機能するとともに、そういった運動の行い方を絶対視する価値観の形成に明らかにつながっている。
　例えば、バレーボールの授業でルールの工夫としてよく行われる触球数の制限緩和を、バレーボールが専門と称する教師の中には「偽物」と嫌う者がいる。けれども、彼らが絶対視する公式ルールも歳月とともに変わってきているのである。もはや伝説となった1972年のミュンヘンオリンピックで日本の男子バレーボールチームが金メダルを獲得した時の映像を観ると、ブロックタッチが1回の触球にカウントされているので、この当時のルールで数えれば、現在の公式ルールの触球の制限回数は3回ではなく4回となる。
　このように、個々のルールに細かな変化はあっても、かつても今も変わらないのは「返せるか−返せないか」という競い合いであって、それを、今もっている力で味わうために4回とか5回以内に返すことに緩められたルールのゲームは、「偽物」と断罪されるどころか、むしろバレーボールを初めて学習する子どもでも、また、運動が苦手な子どもでも、競い合い

第9章　ボールゲームの授業を考える

の本質がある「本物」のバレーボールを学習できるようにした工夫として価値づけられるべきなのである。

引用・参考文献

佐藤善人、鈴木秀人「小学校体育におけるタグ・ラグビーに関する一考察——ポートボールとの個人技術をめぐる『やさしさ』の比較を中心に」『体育科教育学研究』24巻2号、2008年

佐藤善人、鈴木秀人「小学校の体育授業におけるタグ・ラグビーに関する研究——スローフォワードルールに焦点を当てて」『スポーツ教育学研究』28巻1号、2008年

鈴木秀人「運動・スポーツの『面白さ』とは？」『コーチング・クリニック』29巻5号、2015年

鈴木秀人編著『だれでもできるタグラグビー』小学館、2009年

鈴木秀人ほか編著『小学校の体育授業づくり入門』学文社、2014年

水谷豊『バスケットボール物語』大修館書店、2011年

守能信次『スポーツルールの論理』大修館書店、2007年

第10章

武道（柔道）の授業を考える

はじめに

　柔道の創始者である嘉納治五郎師範（1860〜1938）は、柔道を通して精力善用と自他共栄を実践することを説いた。精力善用とは小よく大を制する、または小さな力で効率のよい動きを追求すること、自他共栄とは他者への情け、思いやりをもち、相助相譲して共に栄えることであり、柔道で学んだことを生活に応用することを説いた。この2つを備えることで、柔道の技能向上だけでなく、日常生活の人間関係においてもより良い関係をもつ事ができ、社会貢献できる人づくりにつながるという訳である。

　また、嘉納師範は教鞭を執っている時に、人生には「なに、くそ」という精神が何より必要であると学生に説き、日本人が日本の文化をもって外国に出れば、外国人から尊敬され、国際人として対等に付き合えると明治時代におっしゃっている。

　2012年度から全国の中学校で武道が必修化されて4年が経過した。準備段階からこれまでにさまざまな取り組みがなされてきた。教育委員会、全

日本柔道連盟、講道館、日本武道館が指導者研修会を実施しており、また書籍やDVDなどが出版されている［全日本柔道連盟2010, 日本武道館2011など］。

　文部科学省・柔道指導の手引には「柔道は直接相手と組み合って投げたり抑えたりする格闘的な運動です。柔道の技能の向上には相手を尊重し敬意を表すことと共に、自らも謙虚で冷静な心が求められる。したがって、技能指導においても、礼法に代表される伝統的な行動の仕方や相手を尊重する態度、公正な態度、健康・安全に留意する態度など、正しい所作と共に態度に関する指導を重視します」とされている［文部科学省2013］。

　柔道は格闘技、日本の伝統文化、人間教育のための手段、オリンピック競技種目と多くの側面を有している。学校体育においては学習指導要領をベースにして、これらの側面も紹介しながら、何を、どのように、どの程度教えるかが課題であり、生徒を指導する教師や外部指導者の創意工夫が必要である。

　教師は、柔道の特性を考慮し、楽しく、運動に親しめる内容を考えなければいけない。授業の指導計画は「技能」「態度」「知識、思考・判断」の内容をバランスよく配置し、さらに評価の観点を①運動への関心・意欲・態度、②運動についての思考・判断、③運動の技能、④運動についての知識・理解の4つにおくことが重要である。

第1節　安全管理

　安全に配慮した指導手順は、低から高、1人から2人、遅から速というように易しいものから難しいものへ、単純なものから複雑なものへと段階的にスモールステップで課題を課すことが大切である。さらに、受け身においては活動の方向、スペース（空間）、タイミングなどについて、投げ技および固め技では、崩す方向、投げる方向、受の体勢、禁止技についての安全に配慮する。

　柔道の授業を安全に実施するために、文科省が安全管理のための6つの

ポイントを提示しているので、確認しておくことが大切である。
　①練習環境の事前の安全確認
　②事故が発生した場合への事前の備え
　③外部指導者の協力と指導者間での意思疎通・指導方針の確認
　④指導計画の立て方
　⑤安全な柔道指導を行う上での具体的な留意点
　⑥万一の場合の対処
　重要な部分は、授業前の畳の点検、事故が発生した時の救急処置や対応マニュアルづくり、生徒の学習段階や個人差を考慮した無理のない段階的指導計画とその実施、教える内容の制限、頸部負傷と頭部打撲への対処法である。特に頭部打撲に関しては脳しんとう、回転加速度損傷、セカンドインパクト・シンドロームについて、教員の知識が必須である。

1. 投げ技と受け身の関係

　柔道の受け身は、転んだ時に反射的に後ろに手を着いてしまうことを防ぐ反射の抑制型スキルであり、学習して身につけなければならないため、単独で何回も繰り返し練習する必要がある。これは安全に転ぶ練習でもあり、転倒した時に頭部打撲や関節外傷を防ぐことができるので日常生活に役立つ技術でもある。また、2人組で行う場合の受け身は、若干単独の受け身と形が異なることを理解しておくことが大切である。
　大外刈りや大内刈りは後方へ投げるため、後頭部を打つ可能性がある技だが、安全に学習することは可能である。一般にこれらの技で投げられると後ろ受け身を取ることになるが、それは単独で行う後ろ受け身と必ずしも一致しない。取が受の引き手を離さずに受け身を取らせる動作をすれば受は横受け身の姿勢になることもある。取の動作に加え、受も横受け身を取るように努めれば、後頭部を打つことはなくなるであろう。柔道は危険な格闘技の技を安全に配慮しながら、お互いに攻防を楽しむスポーツである。授業で大外刈りを禁止することは危険の可能性を排除することであり、

危険な状態を回避する能力を養うことにはつながらない。

　投げた時、取は両手で受の右腕（引き手）を引き上げ保持することで、受に頭を打たせずに受け身を取りやすい状態にすることができる。また、初歩の段階では受も右手で握っている取の襟（つり手）を離さないようにすれば安定した受け身を取ることができる。この取と受の安全と安心の絆を「命綱」として特に意識させることが大切である。

2．授業中の注意喚起

　安全に授業を実施するために、授業中生徒に対して頻繁に問いかけと確認をすることが大切である。安全確保のための合い言葉として、以下のような声かけをすることにより、安全のための注意を促すことができる。
　①取は引き手を絶対に放さない
　②受は釣り手を放さない
　③引き手・釣り手は命綱
　④取は安全に投げる責任
　⑤受は安全に受け身を取る責任
　⑥一番大事なのは首と頭
　⑦回りの空間を指差し確認
　⑧柔道の全力は７割、３割は安全確保の余裕をもつ
　⑨倒れる時は潔く自分から受け身を取る
　⑩受け身を取る時は左手を見る
　⑪技が決まったらすぐ立ち上がる（自由練習や乱取り）

　例えば、安全に自由練習を行うためには、お互いの攻防に７割集中、残りの３割は受け身を取る余裕と取が受を支える余裕、そして周りを見わたす余裕にまわすという指導が必要である。

第2節　楽しい柔道授業のツボ

　柔道授業における楽しさとは、生徒が日本の伝統的な行動の仕方や考え方、礼法などを学び、さらに技術・戦術においては柔の理合いに触れて、我が国固有の文化について新しい気づきや発見をすることである。具体的には、授業を通して礼法や基本動作の意味を理解し、投げ技において体さばきを用いて相手を崩せば、大きな力を使わなくても投げることができることや、力と力の衝突を避けて相手の力を利用することが柔の理（柔よく剛を制す）であるということを学ばせたい。ここでは、初心者に対して安全に指導するための段階的指導法とその工夫を述べることにする。

1. 受け身の指導法

　受け身には3つの要点がある。①腕全体または足でしっかり畳を叩く（打つ）ことにより身体に受ける衝撃を減じる。②身体を丸くし、回転することにより衝撃を分散させる（回転を伴う受け身）。③筋肉を瞬間的に、かつ適度に緊張させ関節を保護し、さらに顎を引き、頭部を保護する。これらの要点を踏まえ、指導の手順は、頭の高さは低いところから徐々に高くし、転がる速さはゆっくりから徐々に速くする。転がった時に手のひらや肘を畳に着かないように安全に注意し、全員が受け身の体得を目指す。単独の後ろ受け身、横受け身（2種類）を学習させながら2人組の後ろ受け身、横受け身も並行して行う。受は低い姿勢で転がる受け身から始め、宙を舞って跳ぶ必要はない。また、右手は取の襟を握ったまま離さなくてよい。取は腰の位置で受の右袖を両手で支える。この安全のルールを守り、ゲーム性のある楽しい活動を取り入れることで、畳を叩く痛さや転がり起き上がる運動の辛さを忘れる。指導者には楽しい柔道の学習のために工夫を凝らした活動内容を考えてほしい。

（1）後ろ受け身

① 仰向けに寝て両腕で畳を叩く。両腕の位置は身体から30度。
② 顎を引き頭をあげながら畳を叩く。
③ ゆりかご運動（写真①）
④ ゆりかご運動で肩甲骨が畳に着いた時に両腕で畳を叩く。
⑤ 長座から行う。
⑥ そんきょから行う（写真②）。
⑦ 直立姿勢から、ゆっくり座り後ろ受け身を行う。
⑧ 前に歩いてから、ゆっくり座り後ろ受け身を行う。
⑨ 後ろに歩いてから、ゆっくり座り後ろ受け身を行う。

①ゆりかご運動

②そんきょから後ろ受け身

③2人で後ろ受け身

〈工夫１〉

両者そんきょ姿勢から両手を合わせて、お互いに押して後ろに転がり、後ろ受け身を取る。始めは10％の力で、次は20％の力で押し合い、徐々にお互いの力を強くしていくことで相手の力が自分に加わることを感じながら受け身を取る（写真③）。

（2）横受け身（その１）

① 仰向けに寝て両足を上げ片腕で畳を叩く。腕の位置は身体から30度。
②（右斜め後ろの場合）長座から右斜め後ろに両足を上げて転がり、右腕で畳を叩く。
③ そんきょから右足を左足の前に出し、

右斜め後ろに転がる。
　　④直立姿勢から行う。
　　⑤左横にサイドステップしながら、右足を左足の前に出し、右斜め後ろから右横方向に転がる。
〈工夫2〉
　受はそんきょの姿勢で両手を前に構え（写真④）、取は受の手のひらを後ろ、右または左斜め後ろに押し、受は逆らわずに転がり、単独で後ろ受け身または横受け身を取る（写真⑤）。受はすぐに起き上がり、取が倒す方向をランダムにすることで、難度が上がり、ゲーム性が増す。転がっては起きるので七転び八起きと名付ける。

④そんきょで構える

⑤後ろに押されて後ろ受け身

（3）横受け身（その2）

　仰向けになり両手と両足を上に上げて、横に倒れ、片腕と両足で畳を打つ。左へ倒れた場合、左腕は体側から30度の位置で畳を叩き、左足を右足より前に出し、両足が重ならないようにし、右足裏でも畳を叩く（写真⑥）。

〈工夫3〉
　受は両手と両足を上げて構え、取は両足を持ち、左右どちらかに足を倒す。その時に受の畳を叩く腕と両足の位置が正しいか確認する。取が倒す方向をランダムにすることで、難度が上がり、ゲーム性が増す（次頁写真⑦）。

⑥横受け身

第10章　武道（柔道）の授業を考える

（４）前受け身

⑦２人で横受け身

⑧中腰から前受け身

①手の形は肘から手のひらまで伸ばし、顔の前でカタカナの「ハ」の字をつくり、両膝付きの姿勢から前にゆっくり倒れる。肘から手のひらまでの前腕部で畳を打ち、顔や胴体を畳にぶつけないように支える。
②受は両膝つきの姿勢から受け身を取り、同時に膝を上げる。
③中腰姿勢から行う（写真⑧）。
④直立姿勢から行う。

〈工夫４〉

　後ろ、横、前受け身ができるようになったら、マスゲーム形式で受け身をやってみる。３〜４列横隊で並ばせ、前列から後列へ、左列から右列へ、また１人ずつ順番にまるでドミノ倒しのように受け身をさせる。また、４〜５人でチームをつくり、円になって皆で一緒に受け身をさせる。これらを行う時は十分なスペースを取り、安全に注意して行う。

（５）前回り受け身

①両膝を畳に着いて身体をボールのように丸くし斜めに前転する。
②右の場合、右肩から左腰へ背中が畳に接地するように回転し、回転し終わった後に左腕で畳を叩く。
③正座から右膝を立て、顔は左を向き、右腕は内旋させ、右小指、右肘、右肩、左腰の順に畳に接地するように転がり、左腕で畳を叩く（写真⑥の横受け身の形になる）。

④中腰姿勢から行う（写真⑨）。
⑤直立姿勢から行う。
⑥歩きながら行う。
⑦障害物を跳び越えて、前回り受け身を行う。

（6）取と受の役割を決めた受け身

⑨中腰から前回り受け身

受が潔く受け身を取り、取が受の右袖を両手で支えるという2つの安全確保がなされていることが大切である。この練習は安全に投げ技を行うための準備であり、これが定着すると後に投げ技を学習する時に取と受共に安全に役割を果たすことができる。取と受の役割を理解させることが第一優先である。

①受は両膝を畳に着き、両手を前に出す。取は受を斜め前方向に引いて転がす。受は右手を引かれたらお尻、背中を畳に着いて転がり左手で畳を叩く。

②そんきょ姿勢から行う。この体勢から後ろ受け身も行う。取は受の腕を後ろ、横、斜め前に引き、受は引かれた方向に素直に転がり、受け身を取る。受は膝、お尻、背中を順に着いて転がり受け身を取り、取は両手で受を支える（写真⑩）。

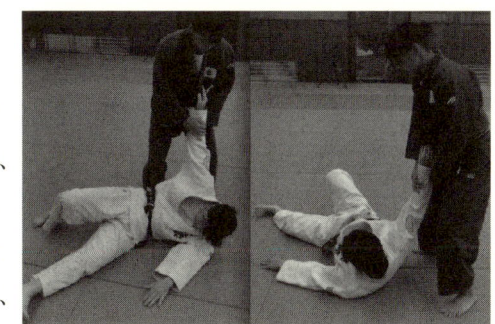

⑩取は両手で受を支える

③立位姿勢から行う。

〈工夫5〉

受は取のこめかみ部分を手刀で模擬的に攻撃する（写真⑪）。取は両手で受け止めてから受の袖を握り、受の腕を後ろ、

⑪手刀の攻撃を受ける

横、または斜め前に引き、受を転がす。受は素直に転がり受け身を取る。取は受の左右の手刀に対して、それぞれ対応できるように練習する。次に、人数を3人（取が1人、受が2人）に増やす。2人の時と同様に受の手刀の攻撃に対して、取は受け止めて両手で袖を持ち、受を転がす。ゲーム性を増すために、受の攻撃は左右どちらでも自由にしたり、攻撃の数を3人に増やしたりする。

2．投げ技の指導法

　学習の進め方はスモールステップを踏んだ段階的な指導が効果的であり、怪我や事故防止の上からも重要である。その原則は易から難、低から高、遅から速、弱から強、さらに固定から移動、単独から相対などの漸進性である。

　投げ技では、支え系、まわし系、刈り系というように類似した技をまとめると生徒も学習しやすくなる。また、受にとっては、前に投げられる技を先に行い、後ろに投げられる技は受け身が習熟してくる後半で教えるのがよい。受は投げられる方向の確認、宙を舞わないで転がる受け身、取は技の形を学習した後、固定した位置で投げる、動いて投げるというように段階的に学習を進めることが重要である。

　安全に学習させるために、安全のルールを確認しておくことが大切である。授業ではすべて右組みで統一して技を行う。取が投げた後は両手で引き手を持ち、腰の位置で支える。受は潔く受け身を取り、頭、肩、肘、手首、足への負傷を防ぐ体勢を取る。技術練習は体格や体力に考慮して行わせる。反則行為（ルール）の確認、危険な技は制限する。また、教師がヒヤリ、ハッとするような場面を見かけたら、活動を中止し、注意喚起と安全の確認を行う。

　ここでは投げ技の学習の中における段階的指導とその工夫を述べる。投げ技の基本動作である姿勢、組み方、進退動作、崩し、体さばきについては文部科学省の指導の手引き、柔道授業づくり教本などを参照されたい。

（1）膝　車

①受は両膝付きの姿勢で、両者右組みに組んで、取は右足前さばきをして受の右膝上に左足裏を当て、受を前に崩して投げる。

②受が自然体の姿勢になり行う。

③受と取が動きながら行う。タイミングについては、前に出ようとする受の右足膝に左足裏を当てる。

〈工夫6〉

　取と受の役割を決めた後、2人で反時計回り（引き手側）にくるくる回りながら取は左足を相手の右膝に当て、投げる。これをクルクル膝車と名づける（写真⑫）。ここで、取の左足裏が相手の膝に当たれば「膝車」、すねまたは足首に当たれば「支え釣り込み足」になることも理解させる。両技とも似た技である。

⑫クルクル膝車

　取が反対の体さばきをして、右足裏を受の左膝に当てる膝車は、右組みから行うと受が左手を畳につく可能性があるため危険である。初歩の段階では取が右手を襟から袖に持ち替えて行うと安全にできる。学習が進むにつれて右組みから右足を使った膝車も行い、受は右手で受け身を取れるようにする。

（2）体落とし

　体落としは相手を前から横の方向に投げる技である。初心者にとって前回りさばきで行う体落としは難しいので、最初は横に動いてから前さばきで体落としに入り、受を横に投げることから始める。これをヨコヨコ体落としと名づける。これができたら、次に斜め後ろに動き後ろ回りさばきで体落としを行う。

①受と取は自然体で組み、受は右、取は左に動く。ヨコに3歩継ぎ足

で移動し、3歩目に取は左足爪先を進行方向に向けて、右足を受の右足横（外側）に置く。この時取の右足は受の右足と接触させず10cm程の隙間を空ける（写真⑬）。取が受の左足の前に自分の左足を置いて投げる左（逆）の体落としは禁止する。

⑬体落とし（崩し）

② 取は引き手と釣り手を使って受を右横に崩し、受は右足に体重を乗せられた体勢で崩れる。これを行うために、引き手は「今何時」、釣り手は「乾杯」というアドバイスがよい形をつくるきっかけとなる（写真⑭）。

⑭引き手「今何時」と釣り手「乾杯」の形

③ 受は取の右脚を一旦越えてから転がり、受け身を取る。取は引き手を両手で持ち、腰の位置で支える。

④ 横の動きを斜め後ろまたは後ろへと方向を変え、左足後ろ回りさばきの体落としにも挑戦する。

（3）大　腰

① お互い右組みで取は右足を受の右足の前に一歩進め、引き手は小指を上にした「今何時」の形で、釣り手は受の襟を離し、左脇下から受の腰を抱き、受を真前に崩す（写真⑮）。

② 取は左足を受の左足の前に回し、右足前回りさばきを完了する。取は両膝の伸展する力で受を浮かす練習をする。

⑮大腰（崩し）

ここではまだ投げない。

③ 取は、受を体側に一旦着地させ、受は着地した足をもとに転がって受け身を取る（写真⑯）。この時、取は引き手を両手で持ち、腰の位置に支え、安全を確保する。

④ 受け身を確認した後に取は受を持ち上げ、腰を支点として受の体を風車のように回転させて投げる。取が左足前回りさばきをして、受の右脇下に左腕を入れる反対の大腰は禁止する。

⑯大腰（受け身前に着地）

⑰大内刈り（右足で半円を描く）

（4）大内刈り

① 取は右足を受の右足内側手前に一歩進め、左足を自分の右足の踵につけるように継ぎ足で寄る。受を左後ろ隅に崩し、受の両足の間に右足を踵から入れ、受の左足に当てたところで止める。

② 取の右足が受の左足に接触した時点で、受はお尻を畳について転がり、受け身を取る方向を確認する。

③ 取の両手はカタカナの「ハ」の字の形にして、上から下に重みをかけるようにする。取は刈り足（右足）の親指で畳に半円を描くようにしながら受の左足を刈り、投げる（写真⑰）。取は引き手を離さないようにする。受け身は後ろ受け身ではなく、横受け身を取るよう心がけると後頭部の打撲が避けられるため、安全である。「受け身の時は左手を見る」というアドバイスが受の横受け身の形をつくるのに役立つ。

④ 大内刈りで受け身を取る時に、受は左手を畳につかないように気を

第10章　武道（柔道）の授業を考える　151

つける。左手をつくと左肩または肘の負傷につながる（写真⑱）。また、取は投げた後、受と同体になって倒れないようにする。

（5）大外刈り

大外刈りで投げられ後頭部を打撲する事例があるので、初心者には真後ろに崩して投げる大外刈りはさせず、右後ろ隅に崩した大外刈りを行わせる。

⑱大内刈り（危険な場面）

①受は右足を前に出し、右自然体で立ち、取は左足を受の右足外側に踏み込み、受を右後ろ隅に崩し、左足を軸に右足を前方に振り上げて右膝裏部分を受の右膝裏部分に当てる（写真⑲）。

②取の右足が受の右足に接触した時点で、受はお尻を畳について転がり、受け身を取る方向を確認する。

③取の引き手は脇を締めて自分自身の腹につけ、釣り手は握り拳を上にして前腕部分を受の胸に密着させる。

⑲大外刈り（刈り足接触）

④取は左足で安定して立ち、右足で相手の足を刈る感覚を練習するために、右足を引っ掛け、後ろに上げる（写真⑳）。

⑤取は受の右足横に左足を踏み込み、受の右足を刈る。受は右足を刈られても、左足は畳から浮かないようにし、左足を支点に転がる。受は後ろ受け身ではなく、横受け身を取るよう心がけると安全である。

⑳大外刈り（刈り足の練習）

第2部　実践編

（6）かかり練習・約束練習・自由練習の指導

　かかり練習（打ち込み）は技の形を反復練習して習得する技術練習のことで、投げる直前までの過程を繰り返して練習する方法である。約束練習（投げ込み）は取と受の役割を決めて投げたり投げられたりする練習である。自由練習（乱取り）はお互い技の攻防を自由に行い技能を向上させるための練習で、試合に近い練習である。

　投げ技は自由練習までできれば十分である。自由練習までの段階的な練習において、下の①〜⑥は男女共習で行うこともできる。ただし、男子が女子を投げる場合はやさしく安全に投げるように注意すべきである。
　①柔道ダンス（組んで移動しながら押し引きをするだけで技はかけない）
　②その場でのかかり練習（既習技のみを使い、交互に技をかけ、投げない）
　③動きながらのかかり練習
　④その場での約束練習（既習技のみを使い、交互に投げる）
　⑤動きながらの約束練習
　⑥相手の技に対し投げられないように防ぐ(相手の技を決して返さない)

（7）演武による発表

　最終的なまとめとして、仲間の前で既習技を用いてお互いが約束練習を行い、技の完成度を披露する。演者は礼儀作法の部分は綺麗に静粛に行い、約束練習の部分は活発に動き、また安全に行う。お互いに試合場の手前で

㉑演武の座礼

立礼をして入場し、２間の間合いまで進み、そこで座礼をする（写真㉑）。両者立ってから、既習技を使って交互に投げ技を２回ずつ披露する。その後に元の位置に戻り、服装の乱れを直した後に座礼をし、試合場を出て立礼を行う。このように演武を最終の課題としてもよい。

おわりに

　柔道の授業は、一斉指導で、しかも技術伝達型の指導が行われることが多い。柔道の専門家にとって技術の伝達は行いやすいが、生徒が自主的に考える場が少なくなるので、ここは注意を要する点である。指導方法としては、個別指導、グループ別指導、習熟度別指導、さまざまな資料やビデオ等の活用、課題研究、対話などがある。生徒の体力や技の習熟の程度に応じて練習方法と内容を工夫しながら生徒の自主的・主体的な学習活動を促すことは大切である。例えば、グループ学習を取り入れてもよい。３～４人でチームをつくり、実際に技術練習をする人、横から観察やアドバイスをする人というように役割をつくって取り組ませる方法がある。タブレット端末などICT機器を活用した運動の撮影や観察が容易にできるようになった今日、自分たちの動きを評価するのもおもしろい。

　また、柔道の経験の浅い教師においては、危険な場面を見逃さず、まず安全に教えることが大切である。安全管理を徹底した上で、生徒の自由な発想を引き出すような授業の開発を期待したい。特に、外部指導者の協力を得てチーム・ティーチングを行うところが増えてきているが、外部指導員との連携による指導も効果的である。

　最後に、授業は生徒にとって興味深い、おもしろい、親しみやすい活動であることが望ましい。楽しく活動するための工夫を紹介したが、時には頑張りどころや我慢どころがあってこそ、その喜びや達成感を味わうこともある。嘉納師範の「なに、くそ」の精神はこういう時に育まれると思われるので、授業においても生徒が歯を食いしばって頑張っている場合は適切な声かけをしながら見守ることが大切である。

引用・参考文献

鮫島元成、瀧澤政彦、高橋秀信編著『Q&A 中・高校柔道の学習指導』大修館書店、2006年

全日本柔道連盟『柔道の安全指導（第四版）』2015年

全日本柔道連盟『柔道授業づくり教本——中学校武道必修化のために』（DVD付）2010年

日本武道館『「けが」をさせない柔道指導法——安全な授業のために（投げ技編）』2011年

文部科学省『柔道指導のための映像参考資料DVD』第1～第3巻、2014年

文部科学省「学校体育実技指導資料第2集」『柔道指導の手引（三訂版）』2013年
　▶http://www.mext.go.jp/a_menu/sports/jyujitsu/1334217.htm

文部科学省「柔道の授業の安全な実施に向けて」2012年
　▶http://www.mext.go.jp/a_menu/sports/judo/1318541.htm

(URLはいずれも2015年8月25日最終アクセス)

第11章 ダンスの授業を考える

はじめに

　ダンスは、人類の歴史が始まった頃から存在し、時代の変遷と共にその形を変えてきた。祈り、感謝、快楽、交流、芸術、健康など、生活文化に深く根付き、受け継がれ、新たな創作が加えられてきた。その種類も数えきれないほど多い。学校教育の中で、子どもたちが少しでもダンスの魅力に触れ、その楽しさを享受すれば、生涯にわたってダンスに親しみ、生活を豊かにする可能性は計り知れない。

　それでは、学校では何を学び、どんな楽しさや力を身につければよいのだろうか。自らの実践を踏まえながら、第1節ではダンスの特性や分類と学習の効果、第2節では授業で行う内容や取り扱う時期などのカリキュラム、第3節では、授業実践の考え方や実践の様子について述べる。

第1節　ダンスの特性、分類と効果

1. ダンスの特性と分類

ダンスは、カイヨワ（Roger Caillois 1913～1978）によるプレイの分類論でいうとミミクリー（模倣や変身の遊び）に位置し、模倣・変身欲求に基づいて行われる運動といえる。学校で取り扱うダンスの中心的な価値（機能的特性）は、「リズミカルに連続して身体を動かすことで、自分自身がリズムにのって、あるいはイメージに変身して踊る楽しさ」であり、映像や友だちの動きを単にまねて踊ることを超えた"自己表現"である。

ダンスの特徴を、リズム性、イメージ性、動きの自由度（定形、非定形）を指標にしながら、図1の「ダンス4分類」のように捉えると学習内容が解りやすい。

ダンスは大きく4つに大別され、リズムにのって躍動感を楽しむ「リズム型」、音楽のリズムにのって一定の動きで主にコミュニケーションを楽しむ「社交型」、美しく伝統的な、イメージにそった動きや形を楽しむ「バレエ型」、自由な動きで自由なイメージを表現して楽しむ「創作型」

```
                    定形性
    ┌─────────────┬─────────────┐
    │  社交型      │  バレエ型    │
    │ ボールルームダンス │ 民踊、民族舞踊 │
    │ フォークダンス │ クラシックバレエ │
    │              │ 能、狂言     │
リズム性────────┼─────────────イメージ性
    │  リズム型    │  創作型      │
    │ リズムダンス │ モダンダンス │
    │ ジャズダンス │ クリエイティブダンス │
    │ ヒップホップダンス │         │
    └─────────────┴─────────────┘
                   非定形性
```

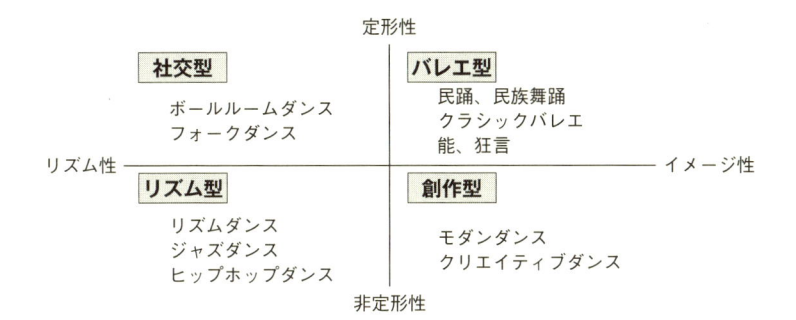

図1　ダンス4分類──機能的特性（楽しさ・満足の性質）と模倣・変身の対象の違いによる
出所：［佐伯他 1983：6］をもとに作成

で構成される。具体的なダンス内容では、「リズム型」は、ヒップホップダンスやジャズダンスなど、「社交型」はフォークダンスやボールルームダンスなど、「バレエ型」は、民族舞踊やバレエなど、「創作型」はモダンダンスやクリエーティブダンス（コンテンポラリーダンス）などとなる。

2．ダンスの効果

　楽しさ、心地よさ、美しさ・カッコよさを求めて踊るダンスは、身体の表現力を高揚させ、身体バランスや巧緻性を高める。また、自分自身や仲間の心身が解放され、ストレス発散に効果的でもある。さらにスポーツとは違った筋肉が頻繁に使われ、心肺持久力や筋力などの体力の維持・向上も期待できる。特に社交型ダンスでは一緒に踊る相手に敬意を払い、尊重し合うことから、豊かなコミュニケーションの創造が期待でき、バレエ型では多様な地域・歴史の理解にも通じ、幅広い教養の獲得にもつながる。ダンスは、身体面、精神面、社会面に大きく関わった効果をもっている。

第2節　ダンスのカリキュラム

1．ダンスの分類に基づくカリキュラム

　子どもたちには多くのダンスに触れさせたいが、残念ながら授業は時間の制約がある。どのダンスをどの時期に学習するかについて、小学校では、各領域から1種目ずつ学習し、中学・高校では、踊りたい種目を選択して学習を深めていくと考え、ダンスの学習の深まりと広がりを表したものが図2のカリキュラムモデルである。

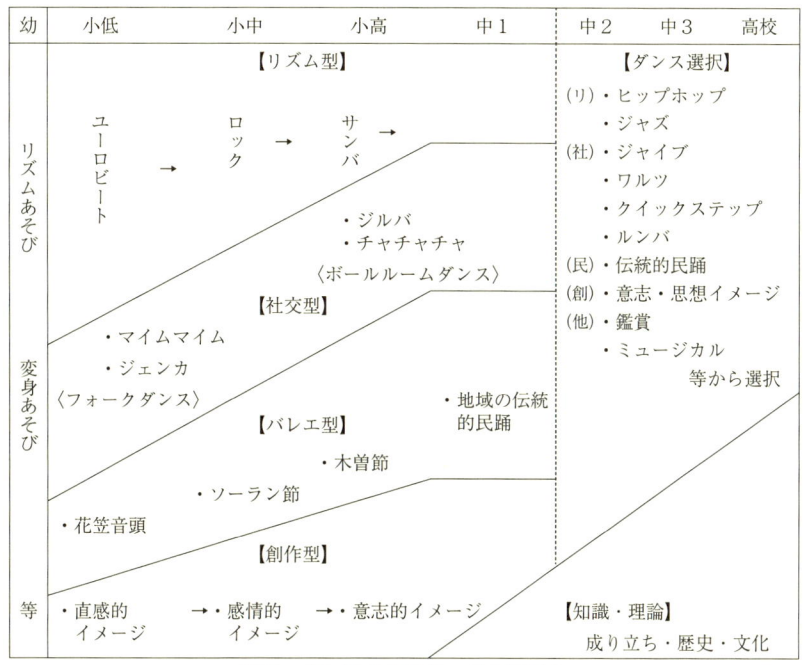

	幼	小低	小中	小高	中1	中2	中3	高校
			【リズム型】			【ダンス選択】		
リズムあそび		ユーロビート	→ ロック →	サンバ →		(リ)・ヒップホップ 　・ジャズ (社)・ジャイブ 　・ワルツ 　・クイックステップ 　・ルンバ (民)・伝統的民踊 (創)・意志・思想イメージ (他)・鑑賞 　・ミュージカル 　　　　等から選択		
				・ジルバ ・チャチャチャ 〈ボールルームダンス〉				
			【社交型】					
変身あそび		・マイムマイム ・ジェンカ 〈フォークダンス〉			・地域の伝統的民踊			
			【バレエ型】	・木曽節				
		・花笠音頭	・ソーラン節					
			【創作型】					
等		・直感的 　イメージ	→・感情的 　　イメージ	→・意志的イメージ		【知識・理論】 成り立ち・歴史・文化		

図2　ダンスのカリキュラムモデル

出所：[島田 2005：105] をもとに作成

2. 具体的な学習内容と順序

　人前で踊ることへの羞恥心があまりみられない小学校低学年では、リズム型のダンスがふさわしく、子どもたちはすぐにその機能的特性にふれる（楽しさを味わう）ことができる。ダンスの基礎であるリズムの"のり方"や、身体の"動かし方"を身につけることができれば、次の段階は、異性へのこだわりがあまりみられない時期に手をつないだりホールドしたりする社交型を学習させたい。学年が進み、イメージを捉えたり、豊かにイメージが湧くようになって来る頃には、地域の民踊などの民舞型のダンスを取扱い、そして、次の過程では、自由に自己表現する創作型に進むと、成長過程にふさわしいと考えられる。

第11章　ダンスの授業を考える

第3節　ダンス授業の考え方と実際

1. リズム型ダンスの学習

①リズムダンス「ユーロビートのリズム」を踊る中学1年生

「音楽リズムにのって自由に踊ることが楽しい」というリズム型で「自己表現でダンスの機能的特性に触れる」ことができれば、他領域のダンスの学習にもよい影響を及ぼす。ここでは、実践経験をふまえて、「リズムダンス"ユーロビート"」の授業を想定して学習を考えてみる。

ユーロビートは1980～1990年頃にヨーロッパで、シンセサイザーなどで演奏されたダンス音楽であり、日本ではディスコで用いられ、独自に発展したダンス音楽である。4拍子の各拍子にアクセントがある軽快なテンポの曲で容易にリズムにのることができる。

（1）授業の組み立て（特に導入期）

表1は、リズムダンスの中心的な楽しさ（機能的特性）を子どもが味わうための学習導入時の配慮内容である。ダンス授業にあたって先生は、①運動の課題②踊りの場所③向きや方向④音楽リズムの理解⑤学習の環境⑥示範の動き⑦学習の形態、の7項目を念頭におくとよい。

②リズムダンス「ロックのリズム」を踊る中学2年生

表1　事例：単元名「リズムダンス　ユーロビート」での配慮内容

分類	項　目	めあて1	めあて2
簡単な「運動技術」で「羞恥心」を和らげて「表現欲求」を充足するために	①運動の課題	a 歩く－前進 b 歩く方向の変化 c 隣人と違う方向への歩き ※日常的な動き	d 跳ねる e 回る (f 転がる) ・ストップモーション ※徐々に非日常的な動きへ
	②踊りの場所	広い範囲（移動） ・人とぶつからない	狭い範囲（固定） ・自分の場所
	③向きや方向	全員が同一方向 ・仲間（他人）を見ない	各自正面を意識 ・仲間（他人）を意識する時も
	④音楽リズムの理解	手拍子、口拍子、 タンブリン、カスタネット、 リズムボックス	リズムがはっきりした音楽 （手拍子）、（口拍子）
	⑤学習の環境	・十分な明るさや空間 ・VTR撮影や鏡	
	⑥示範の動き	・模倣でしか動けないということがないよう、示範は避ける。 →上手な子とそうでない子の差を大きくしない。 →全員ができる動きで。	
	⑦学習の形態	1人ひとり（自己表現のために個人が中心） ・全体に対する一斉指導⇄個別指導が中心	

※めあて1（導入前半）、めあて2（導入後半）は、導入における学習過程。

出所：[島田 2012] をもとに作成

（2）スムーズな授業を進める上での配慮

①運動の課題

　すぐにリズムにのれない場合は、子どもが安心できるよう、先生は手拍子や口拍子、タンブリンなどで拍子を打って、拍に合わせて誰もができそうな"歩く"から始める。色々な方向への移動や、近くの仲間との間合いを意識させる。充分楽しんだら（あるいは飽きてきたら）、次の運動課題"跳ねる"を与え、リズムを外さずに、最初の課題の"歩く"と組み合わせたり、隣人と違う動きを工夫させたりして、自分らしい動きで楽しめるように指示をする。学習の初期においては、先生は、1人ひとり（全員）が、簡単な運動課題で楽しんでいることを確認しながら授業をすすめることが重要である。

　学習が進んできたら、"回る""転がる"などの要素を付加し、また、音楽（リズム）も途中で止めてストップモーションを取り入れ、ダンスなら

ではの非日常性を理解させると、より独自な動きが出やすくなる。子どもが、音楽のリズムと自分の関係を大切にし、周りの友だちを気にせずに自由に動けるようになったなら、"のる"の説明をすることで、リズムに"合わせる"から一歩進んだダンスらしい学習となっていく。

②踊りの場所
「人とぶつからないように、自分の本拠地を決めよう！」というと"歩く"は"ステップ"に変わり、「自分の踊りの正面はどこ？」というと、子どもは自分の空間を理解して発展させ、動作にはメリハリがついてくる。

③向きや方向
子どもが踊る場所を決め、正面を決めた時から、先生は見る方向（目線）を意識させることによって、羞恥心からくる子どもたちの、もたれ合いを排除し、自己表現に専念できるようにする。また、"回る"動作は、踊りながら仲間の動きを見るチャンスが生まれ、次第に仲間に見られることに慣れ、お互いが見合う活動も楽しさとなってくる。

④音楽リズムの理解
軽快な曲が流れると、自然に身体（の一部）がリズムを取ってしまうように、曲のもつ意味は大きい。できるだけ早い段階で音楽を使用するとよいが、選曲は、単に子どもが好きな曲、振りが付いていて踊りやすいという視点ではなく、テンポも含め、子どもの心と身体の"のり"がマッチしていて、踊りの工夫の自由度が高いものを検討したい。

⑤学習の環境
子どもが慣れて、ダンスの楽しさが分かってくると、仲間に見て分かってほしいという欲求が出てくる。ビデオカメラや鏡などで、子どもが自分自身の動きを見ることができる環境をつくることも大切である。

⑥示範の動き
　示範の動きについては注意が必要である。早い段階での示範は、「できる－できない」という意識を生起させ、「できる－やりたい」「できない－やりたくない」という二極化につながる。単元のはじめは、全員が「できる－できる」という活動で終始することが望ましい。授業の進度とともに子どもの欲求に応じて、DVD資料などで徐々に難しい（高度な）技術を提示していくことが望ましい。

⑦学習の形態
　羞恥心を和らげる場合は、子ども個々の活動を重要視した一斉指導が有効である。学習が進み、子どもが、もっとのって踊りたい、もっと色々な動きを取り入れたい、もっとリズムの取り方の工夫をしたいなどとなった段階で、グループ活動に移行すると効果的である。

⑧その他（評価の視点）
　子どもがリズムにのって、楽しんでいるかを判断する場合には、先生は視（目）線、指先やつま先、発汗状況を観察するとよい。ニコニコしていても子どもが仲間と顔を合わせ過ぎるのは恥ずかしさのサインであることが多い。また、指先やつま先、肘や膝を極限まで伸ばす動作があるほど自分の動きに集中して心身が解放されていると考えられるし、発汗はいうまでもなく、リラックスしてよく動けている証拠である。

（3）学習の深め方

①グループ学習による学習方法
　1人で踊ることが楽しめるようになったら、グループ学習に移行する。グループ学習はグループ作品を創る学習ではなく、各自がめあてをもち、それに向けた活動が中心である。グループの仲間は必要に応じてまねたり、反対（鏡）の動きをしたりして工夫のための助言をし合い、各自の踊りがより良くなるようにお互いが協力する学習である。

第11章　ダンスの授業を考える

表2　学習者のめあてをもちやすくするための資料

動きの工夫	歩く、跳ねる、回る、転がる、曲げ伸ばし、伸び縮み、反る、捻るなど
リズムの取り方の工夫	アクセント、ストップモーション、引っ張る、刻むなど

出所：[島田2012]をもとに作成

②グループ学習における子どものめあてのもち方

　グループ学習では、各自が"動き方の工夫"か"リズムの取り方の工夫"のどちらか、あるいは両方に焦点を当てためあてをもって活動することが多い。表2のような"動きとリズムの工夫の視点"を資料として提示すると、子どもたちは学習しやすい。

2．社交型ダンスの学習

　社交型には、フォークダンスやボールルーム（社交）ダンスなどがある。ボールルームダンスはコミュニケーション能力の開発や、男女のマナー教育、解放された学級づくりなどの有効性から、小・中学校などの学校教育現場での可能性が見出されてきた。また、繰り返しや順序の工夫など、ペアでの工夫がしやすく、幅広い学習の展開の可能性があるので、ここではボールルームダンスの実践をもとにして「社交型」の学習方法を記述する。

（1）授業の組み立て（特に導入期）

　「社交型」ダンスは、学習の前に、リズムダンスの単元学習を実施し、1人でリズムにのって踊る楽しさを味わっていることが望ましい。

　ボールルームダンスは、リズムと動きの特徴からラテン種目とスタンダード種目があ

③ボールルームダンス「ジルバ」を踊る小学6年生

表3 ボールルームダンス「チャチャチャ」の単元学習の導入手順

①	リズムダンス単元の最後に、「チャチャチャ」のリズムの音楽を使用する。			
	形態：個人学習	組み方：なし	フィガー：なし（自由な動き）
②	ボールルームダンス単元のはじめの段階で、ペアでリズムダンスを行う。チャチャチャのリズムにのって十分に踊って楽しむ。			
	形態：ペア学習	組み方：自由	フィガー：なし（自由な動き）
③	自然に表出する動きを中心に、「ベーシック・ムーブメント」「ニュー・ヨーク」「ハンド・ツー・ハンド」を入れながらリズムへの"のり"を大切にして踊る。			
	形態：一斉学習	組み方：自由	フィガー：3つの基本フィガー導入
④	リズムにのって基本動作中心に組み合わせを工夫したり、繰り返して踊る。			
	形態：グループ学習	組み方：ホールド	フィガー：新しいフィガーを加えて
⑤	今までの踊りを更に深めたり、DVD資料（日本ボールルームダンス連盟学校学習創造支援プロジェクト委員会；2005、2006、学研教育みらい学校教育事業部；2010）を参考に、新しいフィガーに挑戦したりしながら踊る。			
	形態：グループ学習	組み方：ホールド	フィガー：色々なフィガーで

※「フィガー」は「ステップ」の意味

出所：[島田 2014] をもとに作成

る。学習の初期では、リズムや動きの面からラテン系の方が取りかかりやすく、その中でも"チャチャチャ""ジルバ"が適している。

(2) スムーズな授業を進める上での配慮（チャチャチャの例）

① "チャチャチャ"のリズムの理解

4＆1の箇所にアクセントを入れたチャチャチャのリズム（音楽）をかけて、各自が自由な動きでリズムダンスをする。4＆1の箇所にステップのアクセントが入るように指示をする。

② ペアで片手をつないで "チャチャチャ"

チャチャチャの曲にのって、ペア（リーダー＆パートナー）で"片手"をつなぎ、チャチャチャのアクセントを意識しながら、手や腕の組み方、進む方向、動き方などを2人で自由に工夫して踊って楽しむ。

④ボールルームダンス「チャチャチャ」を踊る小学5年生

第11章 ダンスの授業を考える

③自然に表出する動きから基本動作導入へ

チャチャチャのステップに似た動きが出てきたら、先生は基本になる3つ程度のステップを取り入れるように促し（指示し）、2人で"のり"を大切にして踊って楽しむ。

④基本動作を組み合わせて

基本動作（覚えたステップ）の組み合わせの順番を変えたり、繰り返したりして踊りを継続させていく。雰囲気の違うチャチャチャの音楽をかけたり、グループ内でパートナー・チェンジをしたりして楽しむ。

⑤進んだ学習へ

さらに美しく踊ったり（深める）、パートナーを変えたり、資料を使って新しいステップに挑戦したり（広める）して踊って楽しむ。

なお、チャチャチャで解りやすい曲は以下のようなものである。

パイラモス、オーソレミオ、アニーローリー、闘牛士の歌、茶色の小瓶、故郷の人々、ネリブライ、時の踊り、女心の歌、葦笛の踊り、ラヴァーズコンチェルトなど

3. バレエ型ダンスの学習

バレエ型には、ある一定形式（動きやストーリー）や歴史・地域特性をともなった舞踊・ダンスがあり、民族舞踊、バレエ、能や狂言など、幅広いジャンルがあるが、学習場面では、生活の身近にあって型を覚えることが比較的簡単な日本の民踊を取り上げるとよい。

（1）授業展開の実際

小・中学校では、日本の民踊の中から盆踊りなどで良く踊られている"炭坑節""木曽節"、郡上踊りから"春駒"、"花笠音頭"などが身近なも

表4　選択制　日本の民踊「炭坑節、木曽節、春駒、花笠音頭」などの展開

① 思い出したり、知っている人から教わったり、DVDの資料を見たりして、自分が選択した踊りを踊って楽しむ。
② 学習資料（先生が用意したプリント）や文献・インターネットでの資料などを参考にして、自分が選択した踊りのルーツを探る。
③ 意味を知り、イメージをもつ。
④ 意味やイメージが相手に伝わるように踊り、鑑賞会をもって楽しむ。
⑤ 工夫し合ったことなどをみんなで共有し、一緒に踊って楽しむ。

のと思われる。型や動き方が決まっている舞踊・ダンスの学習のプロセスは表4の①〜④であり、「覚えて」→「理解を深めて」→「伝える・見せ合う」という学習になる。

　ただ、バレエ型のダンスの中でも、特に「日本の民踊」は盆踊りで踊られることが多いために、鑑賞会で終わるのではなく、まとめの段階で表4の⑤のように、社交型の楽しみ方を取り入れても効果的である。

　このバレエ型の実践はまだ乏しく、今後の課題でもある。

⑤民踊「郡上踊り－かわさき」を踊る小学校4年生

⑥民踊「花笠音頭」を踊る専門学校保育科1年生

4. 創作型ダンスの学習

　創作型の代表は一般に「創作ダンス」といわれるダンスであり、イメージを身体で自由に表現する楽しさをもった、誰にでも取り組めるダンスである（今の自分のもっている身体の状況を生かし、能力を出せるダンスである）。しかし、学習がとかく発表会のための作品作り偏重に陥りがちであり、知識や技術が乏しい子どもたちにとっては授業が楽しめないし、同時に、先生でも経験者しか指導ができな

いといわれている現実がある。創作ダンスの楽しさを味わえる学習を考えたい。

（1）授業の組み立て（単元の立案）

⑦創作ダンス「大都会」を踊る中学1年生

創作ダンスの学習では、どんなイメージを表現していくのかをあらかじめ明確にすることが重要で、単元計画の立案は、題材（テーマ）の選定から始まる。

イメージは、子どもの心理的な成長（精神面の成長）の側面に注目して「感覚（即物的）→感情→意思・思想」［佐伯他 1988: 284］という順次性・段階性があるので、発達段階に応じてイメージを導き出しやすい題材（テーマ）の選定をするとよい。

（2）即興表現の学習

題材を選ぶ時は、できるだけ興味・関心や欲求・意欲の高いものにし、題材（テーマ）が決まったら、まず、簡単な動きで「即興表現」をするとよい。動きの出来にこだわらずに、1人あるいは、少人数でいろいろな動きを出し合ってみる。この学習は「創作作品」を行っていく上での財産にもなる。小学生の題材としては、以下のようなものが挙げられる。

① 「宇宙」（無重力の不安・楽しさ、恐ろしい宇宙人との戦いなど）
② 「探検」（不気味な植物、やっと獲物が捕れた、幽霊島探検など）
③ 「忍者」（金縛りの術、忍び・見つかりそう、苦しい修行など）
④ 「物語」（蜘蛛の糸、かさこ地蔵、大造じいさんとガンなど）

中学・高校生の例としては、次のようなものが挙げられる。

①「イメージカードから」(一条の光、何だこれは、磁石、暗闇、沼など)
②「主役・脇役から」(隊形、時間性、空間性、力性など)
③「曲のイメージから」(多様な曲、リズムなど)

(3) 創作作品の学習方法

創作作品を作り上げていく場合は、以下の創作の手順①〜⑤を子どもたちと共有して理解しておくとよい。

①題材（テーマ）の決定
- イメージをとらえる。
- 絵を描いたり、散文詩を作ったり、作文をして表現してみる。

②表し方の工夫
- イメージを動きにする。
- 即興表現（仲間の模倣）→内容・中核・構想の検討→モティーフ（中心となる動き）・フレーズ（動きの流れ）

③構成（場面の展開）の工夫
- 空間、群、時間、盛り上がり、開始と終止、統一と変化

④効果の工夫
- 音楽、衣装、小道具、照明などを使用する。

⑤発表会・鑑賞会の企画・運営
- 子どもの係が中心に企画・運営する。
- 題材（テーマ）と一番表したいことを説明してから発表する。

⑧創作ダンス「シャボン玉」を踊る中学2年生

おわりに

　自らの実践を踏まえながら、4つのダンス領域の学習内容と学習過程をまとめてみた。現場の授業では、運動会の発表のための練習が精一杯であったり、DVD資料を模倣し音楽にあわせて踊って学習を終了してしまったりする場合も多いと思う。しかし、未来ある子どもたちの豊かな表現能力を醸成するために、深く、そして広いダンス学習が構築されることを期待したい。

引用・参考文献

佐伯聰夫ほか『第28回全国体育学習研究協議会つみかさね』1983年
佐伯聰夫ほか『第33回全国体育学習研究協議会つみかさね』1988年
島田左一郎『第50回全国体育学習研究協議会つみかさね』2005年
島田左一郎『文化学園長野専門学校研究紀要』第4号、2012年
島田左一郎『文化学園長野専門学校研究紀要』第6号、2014年

第12章

学校運動部の今後のあり方を考える

はじめに

　わが国において、中等教育期（中学校、高等学校、中等教育学校）のスポーツ環境は、学校運動部を中心として構成されている。大多数の日本人にとって中等教育期に学校運動部が存在することは「当たり前」のことであり、多くの人々が何らかの形で学校運動部に関わりをもった経験を有するであろう。これらは、実際に学校運動部に参加したという経験だけでなく、学校運動部に所属する友人やわが子の試合を観戦した経験、学校運動部の全国大会（高校野球など）をテレビで観戦した経験など多様な経験が考えられる。わが国における学校運動部は、学校における教育活動としてだけではなく、アスリートの育成や観戦文化の醸成などさまざまな側面をもちながら社会に浸透しており、「良い思い出」や「感動の体験」として語られることも多い。

　一方、学校運動部をめぐっては、近年、多くの課題も指摘されている。2012年12月に大阪の高等学校において、指導教諭の体罰によって生徒が自

ら命を絶った事件は記憶に新しいが、過去を遡ると学校運動部における同様の問題は数多く存在し、改善されているとはいい難い。また、指導教諭の「負担」の問題や少子化の影響による「休廃部」の問題など、学校運動部をめぐっては数多くの問題が顕在化しており、あらためてそのあり方が問われているのである。

第 1 節　学校教育と学校運動部

1. 学校運動部の「特殊性」

　前述したとおり、日本人にとって中等教育期に学校運動部が存在することは、ほぼ自明のことであり、その存在自体に違和感をもつ人はほとんどいないであろう。しかしながら、海外に目を向けてみると中等教育期に学校運動部を中心としてスポーツ環境を整えている国はむしろ少数である。中澤［2014：47］は、中等教育段階におけるスポーツ環境に関して、「学校中心型」「学校・地域両方型」「地域中心型」の3つに類型化（表1）した上で、「『学校中心型』の国は、日本を含むアジア5カ国と最も少ない」と指摘している。また、「中国や韓国の運動部活動がわずか一握りのエリート

表1　各国の中等教育段階のスポーツの場に関する類型

学校中心型	学校・地域両方型		地域中心型
日　本	カナダ	ポーランド	ノルウェー
中　国	アメリカ	ソ連（現ロシア）	スウェーデン
韓　国	ブラジル	イスラエル	フィンランド
台　湾	スコットランド	エジプト	デンマーク
フィリピン	イングランド	ナイジェリア	ドイツ
	オランダ	ケニア	スイス
	ベルギー	ボツワナ	ザイール（現コンゴ）
	フランス	マレーシア	イエメン
	スペイン	オーストラリア	タ　イ
	ポルトガル	ニュージーランド	

出所：［中澤 2014：48］をもとに作成

だけしか参加していないように、運動部活動そのものの規模は日本と比較して小さい。青少年のスポーツの中心が運動部活動にあり、かつ、それが大規模に成立している日本は、国際的に特殊であることがわかる」[中澤2014：47]と述べている。日本人にとって慣れ親しんでいる学校運動部は、国際的な視点からみると「特殊」な環境なのである。

この「特殊」なスポーツ環境は、スポーツ施設が学校に集中しているわが国の特徴と関係しながら、中学生や高校生たちに平等な（家庭の経済状況などに左右されない）環境を提供することを可能にしてきた。しかしながら、その役割をめぐっては、それぞれの時代背景からさまざまな葛藤を生み出し、多くの課題を顕在化させてきている。わが国の学校運動部は、学校という教育機関の中で「教育的な意義」を付与されながら、「アスリートの育成」という役割も担っており、「生徒の自発性・自主性」と「強い勝利志向性」の狭間で、さまざまに変容しながら現在に至っているのである。

2. 学校運動部の変遷

（1）戦前の学校運動部──「競争意識」の醸成

わが国における学校運動部の起源は、明治初頭まで遡ることができる。当時、招聘外国人教師などによって持ち込まれたスポーツは、高等教育機関において学生たちを中心に「倶楽部」として組織化され、やがて旧制中学校（中高一貫校）や小学校へと広がっていく。高等教育機関における当初の学校運動部は、文字通りの「倶楽部」であり、校内でスポーツを楽しみ、スポーツを研究する自治的な組織であったが、次第に校外試合にも積極的に取り組むようになる。杉本[2013：44]は、この当時の社会背景と学校という教育機関におけるスポーツの意味づけについて、「スポーツの『遊戯』的要素を排除して、『競争』的要素を強調することで、教育的な意味を付与しようとした。それは、日本の近代化の中で、西洋列強に追い

つけ追い越せという競争意識を煽る上で有効であると考えられたからである。このようにして、スポーツの教育価値は競争に勝つ意識の醸成という点に収斂されるのである」と述べている。

　当時のわが国の社会において、明確な価値を見出されていなかったスポーツは、学校において「競争意識」の醸成という教育的意味が付与され、学校運動部とともにその存在が価値づけられていった。やがて、学校運動部における校外試合は加熱を極め、学校を代表する「選手」としての特権を与えられながら、学業を疎かにするものや傷害を負うものが増加するようになる。また、「勝つため」という理由づけによって行われる上級生からの「しごき」や「暴力」といった行為も散見されるようなるのである。

（2）戦時中の学校運動部——教師の強い指導力と生徒の服従

　戦時中の学校運動部は、校外試合の過熱化による課題が顕在化したことによって文部省（現文部科学省）が介入を強めると同時に、軍国主義教育の影響を強く受けるようになる。神谷 [2011 (a)：76] は、この当時の学校教育について、「心の教育」「躾の教育」の名の下に子どもたちに対して「従順」になるための「訓練」を行うことができたと指摘した上で「教師に服従する態度をとるまで、『精神が歪んでいる』『内面が乱れている』と言い続けて、罰を与えることや指導を加えることができました」と述べるとともに、学校運動部においても同様の指導が行われたと指摘している。この時代においては、教師（指導者）が絶対的な権力をもち、生徒たちを服従させるという構図が作り出されるのである。

　現代の学校運動部においても「勝つことに意味がある」「2位以下はすべて同じ」というような発言を「教育的な意味」を強調しながら語る教師（指導者）は少なくない。教師の強い指導性の下、勝利に向かって不断の努力を行い、苦しい練習に耐えぬくプロセスの中に人間的成長を期待するという考え方の根本には、明治期から戦前・戦中にかけての「勝つ意識の醸成」「教師の強い指導力」という「教育的」な構図が影響していると考えられる。

（3）戦後の学校運動部——葛藤と混迷の時代

戦後の学校運動部は、民主主義を推進する政策の中で、「生徒の自主的・自発的活動」「生徒の主体性を育む活動」として学校教育の中に位置づけられた。終戦直後の学校運動部は、体育行事などと関連づけられながら、「スポーツの生活化」という目標に向けて展開されていたのである。また、戦前から過熱化していた校外試合には強い規制が行われ、小学校では校外試合が禁止されると同時に、中学校においても「宿泊を要しない程度の小範囲のものにとどめる」とされたが、オリンピックなどでの日本代表選手の惨敗を契機に競技団体からの要請が強まり、校外試合が解禁されていくのである。

戦後の運動部活動について、中澤［2014：114-156］は、「自治／統制の二重性の制度化（終戦直後～1950年代前半）」「統制の緩和と競技性の高まり（1950年代後半～1960年代）」「大衆化の追求と教師の保障問題（1970年代～1980年代前半）」「多様化＝外部化の模索（1980年代後半～2000年代）」に区分し、生徒の自主的・自発的な活動であった学校運動部が、競技性、勝利志向の高まりとともにその性格を変容させてきたと指摘している。

3．学校運動部の教育的意義——教育的意義の変遷

あらためて、学校運動部の「教育的意義」とは何か。学習指導要領における「部活動」に関連する記載の変遷からみると、昭和26年の学習指導要領では、「クラブ」という表現で「生徒の団体意識を高め、やがてはそれが社会意識となり、良い公民としての資質を養うことになる。また、秩序を維持し、責任を遂行し、自己の権利を主張し、いっそう進歩的な社会をつくる能力を養うこともできる」とされ、「自治的な組織」によって「良い公民としての資質」を養うものとして教育課程の中に位置づけられたことがわかる。やがて、「必修クラブの設立（教育課程内）」「部活の代替措置（部活動を教育課程内の『クラブ』に置き換えることができる）」「必修クラブ

表2　中学校学習指導要領における学校運動部に関わる記載内容の変遷

改訂年	学校運動部に関連する記載内容	特　徴
1951年 (昭和26)	「クラブ活動は当然生徒の団体意識を高め、やがてはそれが社会意識となり、良い公民としての資質を養うことになる。また、秩序を維持し、責任を遂行し、自己の権利を主張し、いっそう進歩的な社会をつくる能力を養うこともできる」	「教育課程」の中に位置づけられる
1968年 (昭和43)	「全生徒がいずれかのクラブに所属するものとする」	「必修クラブ」設置
1977年 (昭和52)	「学校において計画する教育活動でクラブ活動と関連の深いものについても、適切に実施できるように配慮する」	
1989年 (平成元)	「部活動に参加する生徒については、当該部活動への参加によりクラブ活動を履修した場合と同様の成果があると認められるときは、部活動の参加をもってクラブ活動の一部分又は全部の履修に替えることができるものとする」	「部活動代替措置」
1998年 (平成10)	「従前の特別活動のクラブ活動が、放課後等の部活動や校外活動との関連、今回設置された『総合的な学習の時間』において生徒の興味・関心を生かした主体的な学習活動が行われることなどから、今回の改定で廃止された。したがって、運動部の活動については、従前にも増してより適切に行われるよう配慮する必要がある」	「必修クラブ」廃止
2008年 (平成20)	「生徒の自主的、自発的な参加により行われる部活動については、スポーツや文化及び科学等に親しませ、学習意欲の向上や責任感、連帯感の涵養等に資するものであり、学校教育の一環として、教育課程との関連が図られるよう留意すること」	学校教育の一環 教育課程との関連

　の廃止（部活動は教育課程外となる）」（表2）という変化はあるが、学習指導要領における記載内容は、どの時代も基本的に「クラブ」に関するものであり、生徒の「自主的、自発的活動」であることには変わりがない。

　これまでみてきたように、学校における学校運動部の役割は時代と共に変容し、教育的な意味づけもその時代によって異なるが、現行の学習指導要領においては「生徒の自主的、自発的な参加により行われる部活動については、スポーツや文化及び科学等に親しませ、学習意欲の向上や責任感、連帯感の涵養等に資するものであり、学校教育の一環として、教育課程との関連が図られるよう留意すること」とされ、ここでも従来どおり、その位置づけは「生徒の自主的、自発的活動」であり、その「教育的意義」は「学習意欲の向上や責任感、連帯感の涵養等に資するもの」とされている。

しかしながら、現場レベルに目を移すと「教育的意義」に関して、さまざまな声を耳にする。教師（指導者）だけでなく生徒や保護者からもその意義として「挑戦する気持ち」「耐え抜く気持ち」「友だちをいたわるやさしさ」「自分との戦い」「新しいものへの創造力」「協調性、規則正しい生活習慣」「健康・体力づくり」など多岐にわたるものが挙げられる。ここではさまざまなものが「教育的意義」として語られており、「人間形成」に有用であるとされているのである。

　戦前からの「教育的意義」を振り返ると、戦前・戦中にかけての「勝つ意識の醸成」「教師の強い指導力」、戦後の「自発的・自主的に文化に親しむ」という文脈が確認できるが、現場レベルでは、それらの「教育的意義」が混在していると考えられる。これは、学校運動部には多様な価値があるという解釈を可能にすると考えることもできる反面、教師（指導者）一人ひとりの価値観で「教育的意義」を自由に構築することができるということを意味するものでもある。別の言い方をすると教師（指導者）の立場からは（とりわけ「人間形成」という言葉を用いると）、どのような指導（体罰に限りなく近いものを含め）も「教育的意義」として説明することができるということである。また、「教育的意義」に関しては、「人間形成」を中心に数多く語られてきているが、その「成果」については、これまで十分に検証されてこなかったことも事実である。

第2節　学校運動部の現状と課題

1．生徒たちの活動状況とその課題

（1）学校運動部への参加率

　わが国における学校運動部への参加率は、中学生のおよそ65％（男子生徒のおよそ75％）、高校生のおよそ40％（男子生徒のおよそ55％）である（図

図1　中学校における学校運動部の参加率

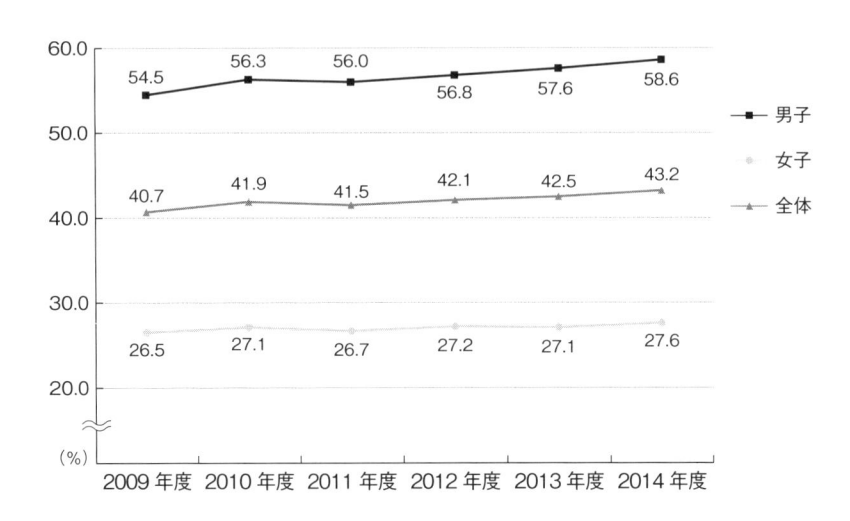

※中学校：（公財）日本中体連調べ（全国中学校体育大会種目のみを合計）

男子: 2009年度 75.5, 2010年度 74.8, 2011年度 75.1, 2012年度 75.5, 2013年度 75.1, 2014年度 73.7
全体: 2009年度 64.9, 2010年度 64.1, 2011年度 64.1, 2012年度 64.5, 2013年度 64.3, 2014年度 63.4
女子: 2009年度 53.8, 2010年度 52.9, 2011年度 52.7, 2012年度 53.0, 2013年度 53.0, 2014年度 52.7

図2　高等学校における学校運動部の参加率

男子: 2009年度 54.5, 2010年度 56.3, 2011年度 56.0, 2012年度 56.8, 2013年度 57.6, 2014年度 58.6
全体: 2009年度 40.7, 2010年度 41.9, 2011年度 41.5, 2012年度 42.1, 2013年度 42.5, 2014年度 43.2
女子: 2009年度 26.5, 2010年度 27.1, 2011年度 26.7, 2012年度 27.2, 2013年度 27.1, 2014年度 27.6

※高等学校：（公財）全国高体連及び（公財）日本高野連調べ（インターハイ種目及び硬式野球・軟式野球を合計）
出所（図1・2とも）：［文部科学省 2015：17］をもとに作成

1・2）。高等学校においては、「少子化による生徒数の減少」「学校小規模化」の進展はあるが、ここ数年の生徒の参加率は、ほぼ横ばいである。しかしながら、人口減少が進む地方の市町村や競技人口が少ない競技種目などでは運動部の休廃部が相次いでいる。とりわけ、多くの人数を要するチームスポーツは、少子化の影響を強く受けている地方の市町村において、その存続が困難になってきている傾向がみられる。少子化が進む地域では、「少子化に伴う学級減」「それに伴う教師の定員削減」によって部活動数を削減しなければならず、サッカー部を廃部にせざるを得なかったという事例もある。

（2）週あたりの活動日数と1日あたりの活動時間

週あたりの活動日数は、中学校、高等学校ともにおよそ9割（中学校89.95％、高等学校91.02％）が5日間以上（図3）であり、高等学校ではおよそ3分の1が7日間と回答した。また、1日あたりの活動時間は、中学

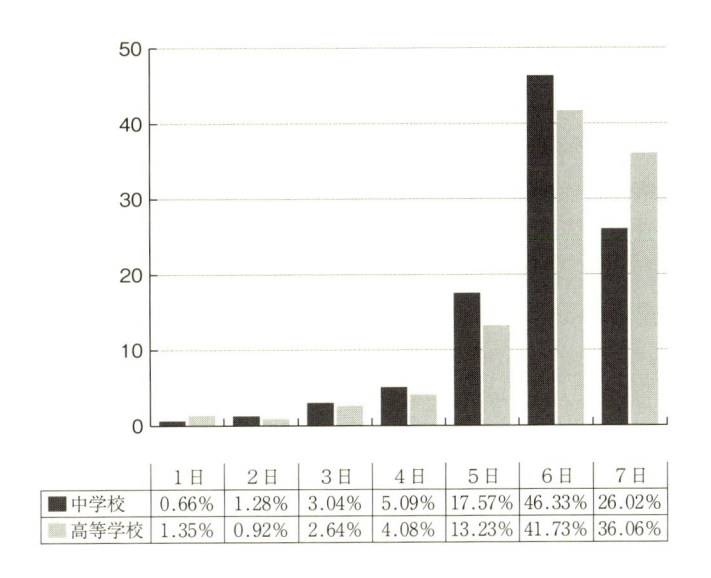

	1日	2日	3日	4日	5日	6日	7日
中学校	0.66%	1.28%	3.04%	5.09%	17.57%	46.33%	26.02%
高等学校	1.35%	0.92%	2.64%	4.08%	13.23%	41.73%	36.06%

図3　中学校・高等学校における週あたりの活動日数
出所：［文部科学省1997］をもとに作成

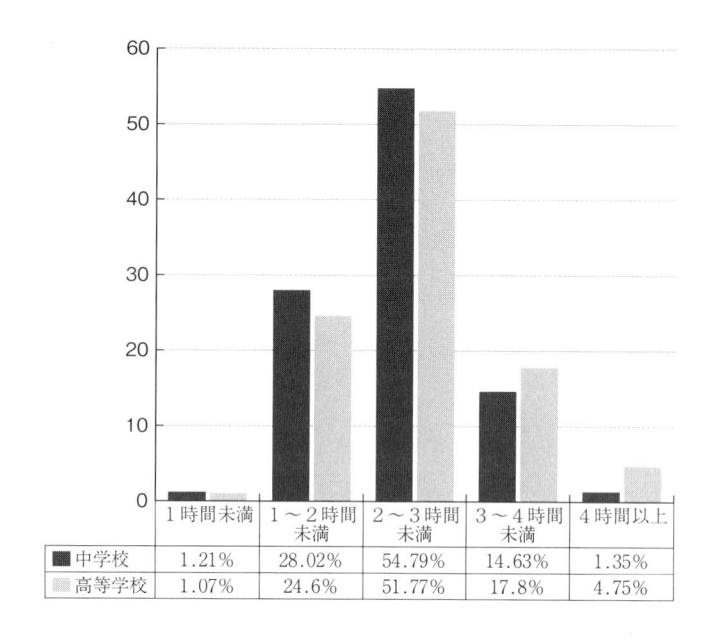

	1時間未満	1〜2時間未満	2〜3時間未満	3〜4時間未満	4時間以上
中学校	1.21%	28.02%	54.79%	14.63%	1.35%
高等学校	1.07%	24.6%	51.77%	17.8%	4.75%

図4　中学校・高等学校における平日の1日あたりの活動時間

出所：［文部科学省1997］をもとに作成

校、高等学校ともに2〜3時間未満が半数を占める（**図4**）。わが国の学校運動部は、中学校、高等学校ともに多くの学校で週5日以上2時間前後の活動を行っていることがわかる。教師（指導者）の中には「1年365日、1日も休まなかった」ということを誇らしげに語るものもいるが、生徒たちの心身の状態を考えれば、週5日以上2時間前後の活動を数年間継続することは「大きな負担」であり、一部の種目特性（陸上の中・長距離や水泳など全身持久力が求められるスポーツ）の実態を考慮したとしても「多すぎる」と認識すべきであろう。

（3）「試合に出ることができない（補欠）」部員

2015年8月4日の朝日新聞［2015：23-25］に掲載された第97回全国高校野球選手権大会の代表校一覧をみると、代表49校のうち100名を超える部員を要するチームが14校あり、50名未満のチームはわずか5校である。高校

野球の場合、ベンチに入れるメンバー（登録メンバー）は18人であり、それ以外の部員は基本的に試合に出場することはできない。100名を超える部員を要するチームは、その8割以上が「試合に出ることができない（補欠）」部員である。公益財団法人日本高等学校野球連盟［2015公式HP］の調べによると2005年から2014年までの10年間で加盟校の部員数は16万5293名から17万312名へと5019人増加している。一方で加盟校数は、4252校から4021校へと231校減少している。このことを単純に考えれば加盟校1校あたりの部員数が増加しているということであり、「試合に出ることができない（補欠）」部員が増加している可能性もある。高校野球だけでなく、他のスポーツにおいても、その学校の特性（エリアや経営形態）から選手を集めることができる学校とそうでない学校における部員数の格差は広がっていると考えられる。また近年では、ライバルチームに選手がいかないように自分のチームに入学させるといった、いわゆる「飼い殺し」の問題を含め、「スポーツ推薦」「特待生」という形で選手を集めることに伴うさまざまな課題も指摘されている。

2. 指導者の現状と課題

（1）教員の負担と専門性

2013年に中学校を対象に実施されたOECDの国際教員指導環境調査［2013:1］によると、日本の教員の勤務時間は53.9時間（参加国平均38.3時間）であり、「①日本の教員は1週間当たりの勤務時間が最長、②授業時間は参加国平均と同程度であるが、課外活動（スポーツ、文化活動）の指導時間が特に長く事務業務、授業の計画・準備時間も長い、③教員や支援職員等の不足を指摘する校長も多い」ことが指摘されている（下線筆者）。また、現場レベルでは学校運動部の職務としての位置づけが「曖昧」なことによる課題も存在する。現行の学習指導要領では、学校運動部の顧問を引き受けることは厳密には職務の「範囲外」である。しかしながら、地方

にある小規模な学校では、年度替わりに校務分掌とならんで「部活の担当」が示され、基本的には断ることができない状況にあるという。つまり、小規模な学校では顧問を断った瞬間に１つの学校運動部が休廃部に追い込まれるのである。さらに、学校運動部の顧問をめぐっては「専門性」という課題も存在する。学校運動部の顧問を引き受けたが「そのスポーツの経験がない」「運動そのものが苦手である」という教員もいる。近年、このようなケースは決して少なくない。前述した「負担」の問題や「専門性」の問題から、学校運動部の顧問の中には、積極的に顧問を引き受けたいと考えている教員とできれば顧問を引き受けたくないと考えている教員がおり、大きな「温度差」が存在すると考えられる。

（２）体罰問題

「はじめに」でも触れたとおり、わが国の学校運動部では「体罰や暴力」の問題が多数報告されているが、一向に改善の兆しがみられない。これらは、「教師・生徒」という関係だけではなく「上級生・下級生」の間でも起こっている。本章で述べてきた学校運動部の変遷を振り返ると「教育的意義」として「勝つ意識の醸成」「教師の強い指導力」が声高に叫ばれた時代があり、残念ながら現代の学校運動部にも深く根を下ろしていると考えられる。一方、わが国では「６・３・３制」という教育システムにより、中学校、高等学校がそれぞれ３年間で結果（勝利）を求められることから生み出される「圧力」が、教師（指導者）を「指導の過熱化傾向」「勝利至上主義的傾向」「体罰や暴力」などに向かわせるという構図も考えられる。「体罰や暴力」の問題は、単に教師一個人の資質や能力だけの問題ではない。わが国における学校運動部の歴史とシステムが深く関わっているのであり、学校運動部というシステムそのものを再検討することも視野に入れる必要がある。

第3節　今後のあり方

1. 学校運動部における「学び」のあり方

（1）スポーツという文化の「学び」——共通の基礎

　わが国における今後の学校運動部のあり方を考える上で、最も重要なことはスポーツという文化を「学ぶ」ということについて、教師や指導者（地域、民間を含む）が共通の認識をもつことである。これは、単に科学的な練習方法などを共有したりすることを意味するものではない。これまでの教育学の成果を踏まえ、「学び」や「生涯スポーツ」に関する理解を共有するということである。このことは、前述の諸課題を解決するための重要な基礎となる。

　佐藤［2015：XV］は「学びの共同体において、学びは、対象（モノ、テクスト、題材、資料）との出会いと対話（世界づくり・文化的実践）、他者との対話（仲間づくり・社会的実践）、自己との出会いと対話（自分づくり・実存的実践）の3つの対話的実践として定義している。学びは知識や技能の反復練習によるトレーニングではなく、文化的意味を構成し対人関係を編み直し自分づくりを促進する文化的・社会的・倫理的実践である」と述べている。これに倣えば、スポーツという文化の学びは、学校（体育の授業や学校運動部）や地域において、スポーツという文化と出会い、他者と対話しながら、スポーツの意味を構成し、自分らしい「意味」や「関わり」を生み出す行為に他ならない。ここでいう「学びの共同体」は学校に限られたものではない。学校運動部における「学び」と学校体育、学校教育全体、地域における「学び」に整合性があることが、連携や相互往来を可能にするのである。

（2）生涯スポーツという理念に関わって

　生涯スポーツという言葉をめぐっては、未だに「競技スポーツ（厳しい）」と「生涯スポーツ（緩い）」という二項対立的な使用方法や、学校教育を単に生涯スポーツの「準備期間」と捉える傾向がみられる。生涯スポーツという言葉は「いつでも、どこでも、だれでもスポーツという文化に関わり（行う、観る、支える、創るなど）をもつことができる」という理念であり、その実現に向けて、スポーツという文化の「学び」は展開されるべきである。

　このように考えれば、学校体育も学校運動部も地域におけるあらゆるスポーツ活動（民間を含めて）も、基本的には同じ方向を向いていることが重要である。生涯スポーツという理念を考えた時、人生のそれぞれのタイミングで、他者と関わりながら、スポーツという文化との関わり方を「編み直す」ことが必要であり、それこそがスポーツという文化の「学び」であると考える。わが国では、トップアスリートがトップから退く時に「引退」という言葉を口にすることが多いが、異なるレベルで競技を楽しむことやスポーツを支えることなどに関わりの意味を「編み直す」ことが求められるのであり、学校運動部がそのような力量形成の場となることが望まれる。

2. 地域との連携

（1）「閉鎖系システム」からの脱却

　中西［2007：40-41］は、わが国の学校が「閉鎖系」のシステムであるとした上で、学校運動部は「勝利至上主義を志向するあまり、学校聖域論に立脚した『閉鎖系学校運動部観』を信仰し、『単一・チーム（チャンピオンシップ）型学校運動部活動』を展開してきた」と指摘している。より具体的には「①文化部と独立し、兼部や転・退部を許さない、学校『内』でさ

えも閉鎖的な『運動』部活動、②地域人材の活用等には抵抗感を持つ、地域社会にはより閉鎖的な『学校』運動部といった現実」[中西2007:41]が存在すると述べている。まずは学校が、「閉鎖系のシステム」から脱却し、相互往来が可能な仕組みを構築することが求められる。これは、外部指導者の導入や学校運動部の外注といったようなことだけではなく、前述の「学び」を共有しながら、それぞれの地域特性を踏まえ、地域スポーツクラブなどとの連携を図るということである。

（2）地域スポーツクラブ

近年、青年期のスポーツ環境をめぐって、「学校運動部」か「地域スポーツクラブ」か、というような「二者択一論」を耳にすることがある。先述したスポーツという文化の「学び」を考える時、単純な二者択一ではなく、学校と地域スポーツクラブとの相互往来が可能な「複線型」のスポーツ環境を模索すべきである。そのためにはスクラップ・アンド・ビルドではなく、今ある資源を活かしながら、地域の特性を踏まえて「学校単位で行っている競技会への参加システムの再考」「シーズン制の導入」などを検討していくことが重要である。

おわりに

中等教育期の生徒たちにとってスポーツの経験は、多くの意味や価値を有する。心身の発達が著しいこの時期は、生涯にわたってスポーツに親しみ、楽しむ態度を培う好機であると同時に、体力も競技力も大きく伸びる可能性を秘めた重要な時期でもある。また、この時期は心理的、精神的にも重要な発達の時期であり、主体的に物事に取り組み、自立を獲得する大切な時期でもある。中等教育期におけるスポーツ活動は、生徒の心身の発達に配慮しながら、スポーツという文化への深い関わりを保障し、生徒が主体的に取り組むことができる環境を整える必要がある。中等教育期においては、体育の授業だけでなく学校運動部や地域におけるスポーツ活動な

どを通して、生涯にわたってスポーツという文化に関わり続ける（学び続ける：意味を発見し、意味を編み替える）基礎を培うことが重要なのである。

　学校運動部は、わが国における中等教育期のスポーツ環境として重要な役割を果たしてきた。今後は、地域スポーツクラブをはじめとした学校外の組織・団体との連携も視野に入れながら諸課題を解決し、生徒たちが主体的にスポーツという文化への関わりを深めていける「学び」の場として機能していくことが期待される。

参考文献

岡野昇、佐藤学編著『体育における「学びの共同体」の実践と探究』大修館書店、2015年

神谷拓「『運動部活動の教育学』入門（連載第5回）」『体育科教育』8月号、大修館書店、2011年(a)

神谷拓「『運動部活動の教育学』入門（連載第6回）」『体育科教育』9月号、大修館書店、2011年(b)

佐藤豊「学校運動部活動の教育的意義を再考する」『現代スポーツ評論28』創文企画、2013年

作野誠一「少子化時代と学校運動部」『現代スポーツ評論28』創文企画、2013年

城丸章夫、水内宏編『スポーツ部活はいま』青木書店、1991年

杉本厚夫「混迷する学校運動部」『現代スポーツ評論28』創文企画、2013年

谷口勇一「部活動と総合型地域スポーツクラブの関係構築をめぐる批判的検討──『失敗事例』からみえてきた教員文化の諸相をもとに」『体育学研究』第59巻、第2号、2014年

友添秀則「学校運動部の課題とは何か」『現代スポーツ評論28』創文企画、2013年

中澤篤史『運動部活動の戦後と現在』青弓社、2014年

中西純司「学校運動部改革のためのイノベーション戦略」黒須充編著『総合型地域スポーツクラブの時代1　部活とクラブの協働』創文企画、2007年

森川貞夫「日本的集団主義と学校運動部」『現代スポーツ評論28』創文企画、2013年

『朝日新聞』2015年8月4日付

運動部活動の在り方に関する調査研究協力者会議「運動部活動の在り方に関する調査研究報告書――一人一人の生徒が輝く運動部活動を目指して」文部科学省、2013年

　▶http://www.mext.go.jp/a_menu/sports/jyujitsu/__icsFiles/afieldfile/2013/05/27/1335529_1.pdf

OECD「国際教員指導環境調査」2013年

中学生・高校生のスポーツ活動に関する調査研究協力者会議「運動部活動の在り方に関する調査研究報告」文部科学省、1997年

文部科学省「地域スポーツに関する基礎データ集」2015年

　▶http://www.mext.go.jp/b_menu/shingi/chousa/sports/025/shiryo/__icsFiles/afieldfile/2015/05/01/1357467_4.pdf

公益財団法人日本高校野球連盟（公式ホームページ）

　▶http://www.jhbf.or.jp/data/statistical/index_koushiki.html

第13章

保健の授業を考える

はじめに

　ここでは、学ぶ意義が感じられて、おもしろいと思える保健の授業をつくっていくには、何を考え、どう準備すればよいのか、を述べていく。

第1節　楽しくて学びがいのある保健の授業をつくるには

1. 保健の授業はつまらない!?

　保健体育教員を目指す学生に、高校までの保健の授業について思い出してもらうと、教科書の太字の内容をワークシートに穴埋めしていく授業形態がほとんどであり、学習した内容は、記憶していないという者も多い。一方、出産のビデオを見て感動したこと、心肺蘇生の実習を実際に体験したこと、グループで調べ学習をして、苦労してまとめて発表をしたことな

ど、何らかの感情のゆさぶりを伴う体験をした授業については、その内容を鮮明に覚えているようである。しかし、一様に「保健の授業はつまらなかった」「保健の授業をするなら体育の授業を増やしてほしいと思っていた」という。さらに、「生徒は誰しも、保健はつまらないと感じているから、教師は体育を優先して行い、保健は雨の日に実施するのが妥当である」という意見が出てきたこともある。さらに、「自分たちが、楽しい保健の授業を受けていないのだから、教師になっても楽しい保健の授業を実施できる自信がない」というのである。

　しかし、過去に実施されてきた、おもしろい実践を紹介すると、自分たちもおもしろい教材をつくりたい、思わず考えたくなる発問をつくりたい、など意欲を燃やすようになってくる。これまでに、おもしろい授業実践に出会えなかった人には、ぜひ過去の保健の授業実践を紐解き、おもしろい授業、ためになる授業のイメージをもてるようにしてほしい。

2．保健の授業で陥りがちな失敗

　保健の授業の指導案をつくる初心者には、次のようなことが見受けられる。果たしてそれでよいのか、よく考えてみる必要がある。

（1）生徒のグループ活動をたくさんとり入れた方がよい

　ワークシートの穴埋めに終始しない授業をつくろうとし、生徒同士の話し合いをメインとしたグループ活動を多く取り入れたいと考える。グループ活動を取り入れること自体はよいことであるが、しっかりとしたねらいのもとに実施しなければ効果はない。例えば、十分な知識理解がないままに、「どうしたらよいかみんなで考えてみましょう」としても、何を材料に考えてよいのかわからず、せっかくグループで考えても、中身は深まることも広がることもない。ここでの学習活動のねらいは何で、そのために、グループで話し合う必要がどうしてもあるのかどうか、よく吟味したほうがよい。

（2）自分の生活に結びつけて考えさせることが大切である

　教科書の内容を読んで確認した後に、「自分の生活に取り入れられそうなこと、変えていきたいことを書きましょう」という展開へすぐにつなげてしまう場合がある。生徒は、そこで得たわずかな情報をもとに、「食事のバランスに気をつけていきたいと思いました」「運動をたくさんしようと思います」という考えをまとめることになるだろう。しかし、この考えは、この授業を受けなければ出てこなかったものなのかを、よく考える必要がある。授業を受ける前から、一般常識として知っていて、授業を受けなくても書くことのできた考えではなかったのか？

　「食事のバランスがくずれるとどうなるか」「バランスをとるとはどういうことなのか」が説明できるようになったのか？　また、このことを納得させるだけの十分な根拠は示されたのか？　その上で、生徒は、食事のバランスに気をつける必要性を本当に実感したのか、ということを問う必要がある。

　本当に生徒たちが、食事をとることや運動をすることの必要性を実感すれば、あえて、教師から「生活に結び付けて考えてみましょう」と声をかけなくても生徒から必然的に「〜したい」「〜する必要があると感じた」という感想が出てくる。生活に結びつけることを急いではいけない。

（3）「病気の怖さを実感させる」ことを目標にする

　病気は確かに怖いものであるし、怖いから予防しようという意識が芽生えるのも納得はできる。しかし、怖がらせるだけでよいのか、ということを考えたい。

　過去の研究では、恐怖に訴えても「長期的な教育効果が期待できないなどの理由から、近年の健康教育においては否定する傾向もみられる」［渡邉著 2008：182］と指摘されている。また、エイズ教育の研究では、恐怖に訴えることよりも、予防行動を実施することが容易であると伝えることのほうが効果的とし、さらに、「エイズに関する不安・恐怖の感情が強い者ほど、

患者・感染者を排除する態度が強い」［木村・深田 1995：67-74］ことも指摘されている。

そのため、病気の怖さを実感させることをねらいの中心にするのでなく、その予防の仕方がわかり、予防できそうだと感じさせることを目指して指導をしたい。

（4）板書計画を省略する

指導案の展開部分に時間をかけ、最終的に板書計画までたどり着かずに授業を迎えるということがある。そうすると、いざ板書をしようと思っても、必要のない部分が多くなったり、必要な部分が抜けてしまったりする。板書内容は、その授業における生徒の思考を助けるものである。授業後に見直した時に、何をどう学んだかがわかるものである必要がある。教師にとっても、授業を計画する段階で、板書計画を練ることで、何が大事で、どこを押さえたいのかが明確になるというメリットもある。実際に授業を実施する時にも、板書計画を教卓に置いておくと、1時間の大事なポイントを確認しながら進めていくこともできる。板書計画を省略することなく、展開を考える時に、同時進行で作成していきたい（図1参照）。

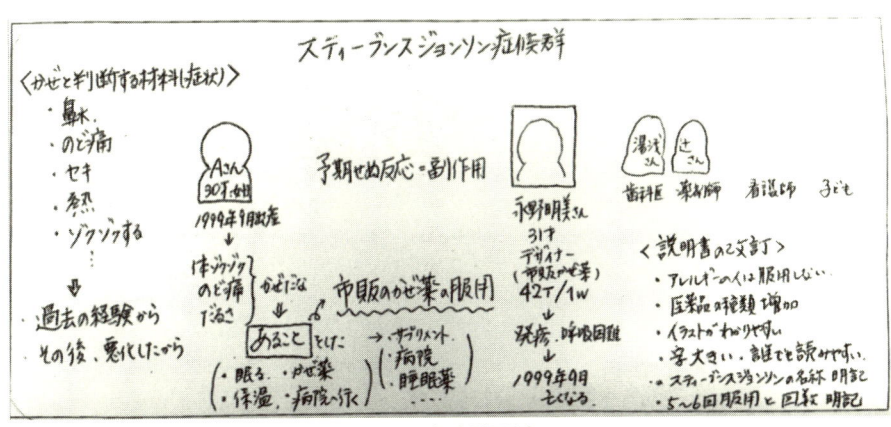

図1　板書計画例

3. 楽しくて学びがいのある保健の授業をつくるには？

（1）1時間の授業で押さえるべきキーワードを1つに絞り込む

　1時間の授業の中で、取り上げる内容を絞りに絞り込みたい。絞り込むための作業として、次の2つが考えられる。
　　①その1時間がこの1年間、あるいは3年間の学びのどの位置にあるのか。内容の全体構成の中で、その1時間をどう位置づけるかを考える。
　　②現代的なニュースやさまざまな資料からキーワードを引き出し、それを教科書や学習指導要領の内容と結びつけて考えてみる。
　キーワードを絞り込む際、なぜ重要なのか、生徒にとって学ぶ意義は何かを吟味することが大切である。
　キーワードの絞り込みと吟味の後に、いよいよ教材研究をスタートする。

（2）おもしろい素材、より深く理解できる素材を探す

　1つの授業をつくる際、「おもしろいと思える素材に出会えるまで読む」と決めるとよい。まずは、教師自身がおもしろい！　感動した！　と心が動く素材に出会うまで探したい。教師が心動いた素材でなければ、生徒の心を動かすこともできない。
　この時、本だけでなく、テレビの健康番組や、健康に関わるDVD、映画、健康雑誌、さまざまな健康に関わる展示・資料のある施設、専門家に会いに行くなど、さまざまなところから情報収集したい。

　保健におけるおもしろい教材とは？
　私のこれまでの経験から、保健の授業で生徒の興味関心を引き、心を揺さぶることのできる教材としては、次のようなものが考えられる。

①見えない体の中を見えるようにする教材──ビデオ、図、写真などの活用

見えるようにすることで、体への興味がわき、体の巧みさを知り、感動が得られる。

②子どもたちの考えや意見のアンケート結果の活用

生徒は、仲間がどう考えているかに、強い関心をもっている。普段の生活ではなかなか聞けない生活の実態や考えの内実に触れることで触発される。また、身近ではないテーマについても、アンケート結果を通して、とても身近なテーマだと感じられるようになるという効果もある。

③生きている人の生活、生の声がわかる教材の活用

さまざまな病気や事故などについて取り上げる際、その病気や事故などの実体験、事例、体験者の手記などを取り上げ、苦しみや困難をどう受け入れたか、どう乗り越えたかを実感してもらうようにするとよい。病気そのものを教えるのでなく病気とともに生きるその人の「生き方」を教えるようにすることが大事である。

(3) 指導案の形になった過去の実践例を探そう

「体育科教育」「学校体育」「健康教室」「健」など、保健学習、保健指導の実践例が紹介されている雑誌のバックナンバーをみて、教材や、発問、全体の流れをつかむようにするとよい。

(4) まず、授業のヤマ場を考えよう

その授業の一番大事な部分、どのような発問をして何を考えさせたいのか、またどのような活動をしてどのようなことを気づかせたいのか、を考える。

(5) 次に導入を考えよう──ヤマ場につながるための入り口

ヤマ場でどのような活動を取り入れるかが決まったら、そのヤマ場につ

なげるための導入を考える。導入は、ヤマ場での活動を学ぶ意義を感じさせるようなものにしたい。インパクトはあるが、その後の内容につながっていかない場当たり的な教材にならないようにする。

（6）最後に、その授業のオチを考えよう

ヤマ場で気づいたこと、考えたことについて、解説したり補足したり、あるいは逆に揺るがすことで、さらに考えさせるような「資料」を使って納得につなげたい。この時、生徒が資料をみて自分でその答えを導き出せるように準備したい。一番気づいてほしいこと、学んでほしいことを最後に生徒がいってくれるように教材を準備し、授業を組み立てていきたい。

第2節　保健の授業の実際

ここでは、過去に実践した中学3年生を対象にした保健の授業を紹介したい。テーマは「市販薬との付き合い方」であり、3年間の保健学習の最後の単元に位置づけてあり、個人の生活だけでなく、社会のしくみにまで踏み込んで、健康とは何か、について考えさせることをねらっている。

この授業は、3時間構成の1時間目にあたり、この題材を学ぶ意義を強く感じさせたいと思い、つくったものである。

1. ここで紹介する実践へのこだわり

（1）典型教材としての薬

薬という題材は、からだのしくみ（からだの中での吸収の仕組み、作用の仕方）から、個人の使い方や選び方の問題や、社会全体の課題（子どもでも手軽に安く買える状況・CMや広告などによる情報量が多い、薬害）まで考えさせられるものである。薬の題材は、この1つをとりあげることで、さ

まざまな問題点が浮き彫りになるため、典型教材であるといえよう。

(2) 生徒の実態から──市販薬を乱用している!?

　私が勤務していた中学校では、市販薬を常用したり、あるいは乱用したりしているともいえる現状があった。テスト前には、カフェインの入った錠剤を飲み、寝ないで勉強をする生徒や、テスト中には、解熱剤で無理に熱を下げて登校する生徒、15歳以上しか飲んではいけない栄養ドリンクを中学1年生が飲みながら塾に通うなどの姿がみられた。そのため、麻薬や覚せい剤の乱用防止の前に、身近な市販薬とのつきあい方を知ることが基礎であると考え、中学校の学習指導要領では、1998（平成10）年の改訂で、一旦は削除された内容であったが、敢えて、継続して取り上げてきた。

(3) 自分自身の体験から、ぜひ伝えたいという思いに

　私自身が、市販のかぜ薬を使用して副作用を受け、これまでの薬の使用の仕方を見直さざるをいけなくなるという体験をしたことから、生徒には同じような思いをさせたくない、ぜひ生徒に今までの使い方、これからの付き合い方を考えてほしいと思い、この授業を考え、実施することにした。

2. 指導の実際

(1) 本時の目標

①スティーブンスジョンソン症候群（SJS）に罹患した人の事例を通して、どの人も「からだの不調を治すために服用した薬」の副作用によって重い障害や生命の危機をひきおこす可能性があることを知る。
②SJSを患う人たちのメッセージを知り、この病に苦しむ人、生命を落とした人たちの上に、私たちの命があることを実感し、さらに多くの正しい情報を得ることの大切さを理解できる。

（2）本時の展開（略案）

生徒の活動	教師のねらいと働きかけ・留意点
導入（10分）	
①今の体調を確認する。 ⇒どこか痛いところやつらいところはないかからだの状態を確かめ、自分の言葉で書き出してみる。 ＊これらからだの発するサインを「症状」ということを確認する。 ②どんな時、かぜをひいたと判断するか？考える 「おなかが痛い」「のどが痛い」「せきがでる」「熱っぽい」「だるい」 ＊どのような時にかぜをひいたと判断するのか、そう考える根拠は？　について考える。 （予想される反応） ・親がかぜだと言った。 ・その後悪化した。 ・医師にかぜと診断された。 ＊「かぜ」にはさまざまな種類と症状があり、同じような症状のある別の疾患もあり、簡単にはかぜと判断できないことに気づく。	＊列指名で何人かの生徒の体調を発表してもらう。その子らしい表現や、他の子との違いを明確にしてほめたり、元気のない子へ声かけをする。 ＊かぜをひいていると思う人に挙手させ、何人かにどのような症状があるか聞く。 ＊挙手がなければ指名する。 ⇒以前の経験から判断していることを確認する。同時に、判断があいまいではなかったかについて気付かせるようにする。
展開1（35分）	
③Aさんの体験談を知る。 プリントの内容 ＊カテゴリー1～3までを読む。 ＊Aさんの症状のような時、どんな対処をするか考える。	＊Aさんの体験談をプリントにして配布。図（写真①）を貼る。 ① ＊ここまでを読み終えて、内容の整理をする。

（予想される反応） ・睡眠をとる　・熱いお風呂に入った ・体を温める　・お酒を飲む ＊プリントの続きを読む 　あらためて、Aさんはどんなことをしたのか考える。	板書：寝不足・精神的不安→体ゾクゾク、のど痛、だるさ→かぜと判断 ⇒あることをした ⇒快調に
（予想される反応） ・肝臓の薬が出たからお酒を飲んだ。 ・薬だと思う。じんましんがでたことがあるから。 ・睡眠薬ではないか。 ＊Aさんのしたあることとは…… 市販のかぜ薬の服用であったことを知る。 ＊期待していた効果とは異なる症状がでること→副作用、本来の目的→主作用という言葉の意味を知る。 ④2003年2月の新聞記事の概要を知る。 ・永野明美さん：デザイナーで忙しい毎日。市販のかぜ薬を1週間で42錠のみ、発疹、呼吸困難などで緊急入院。スティーブンス・ジョンソン症候群を発症し、1年7か月の闘病の末、亡くなった。1999年9月のこと。 ・実はAさんは、授業者（佐見）であることを知る。 ＊新聞記事からSJSの概要を知る：1997年～2001年までに報告例は1184件。うち105件は死亡。 ＊原因は医薬品によるアレルギー。疑われる医薬品は、抗生物質、解熱鎮痛剤、精神薬、市販のかぜ薬などで、700～800種類。 ＊他にも多くの発症者の方がいることを知る。 ・薬剤師の辻直江さん（2003年4月23～24日『読売新聞』より） ・歯科医の湯浅和恵さん：かぜをひいて病院へ。病院で処方された抗生物質・解熱鎮痛剤を服用。よくならないので何件か病院を転々とし、4箇所目の病院で初めてSJSと診断をうけた。「最初の医師がこの病気を知っていたら、後遺症でこんなつらい思いをしなかったのでは……」と語る。（2003年2月23日『東京新聞』より） ⑥自分だったら、このような病気になったらどんな気持ちになるかを考える。	＊一通り意見を引き出した後、プリントの内容に戻る ＊プリントの裏面を読む ＊肝臓の働きをよくする薬がでたこと、その後も時々症状が続いていることを確認する。 板書：予期せぬ反応＝副作用。本来の目的とする反応＝主作用。 ＊新聞記事は直接配布せず、黒板に人型の図を貼り口頭で説明する（写真②）。 ② ＊ここで、他人事ではなく、身近でおきるということを実感させたい。図をめくり、Aさんの図を変える（次頁写真③）。 ＊他にもSJSの患者会のサイトを開くと、多くの発症者のエピソードが掲載されていることを伝える。 ＊しっかり集中して記事の内容が聞けるようにする。

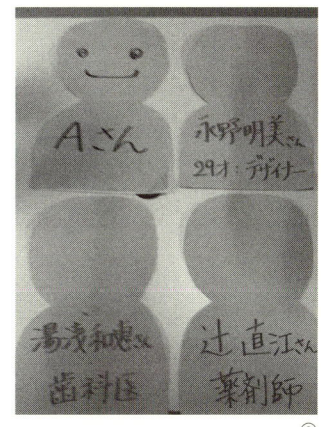

第13章　保健の授業を考える

（予想される反応） ・つらい・死にたい・医者や薬をうらんでしまう	＊ここも、自分事としてひきつけるための問いかけである。 ③
⑦発症した人たちが、薬の正しい使い方や副作用のことを多くの人に知って欲しいと考え、活動していることを知る。それぞれの人の思いを知る。 ⑧2000年の前と後では、説明書の違いを見つける。 ・スティーブンス・ジョンソン症候群の疑いが明記されている。 ・5〜6回服用しても症状がよくならない場合と回数が明記されている。 　　　　　　　　　　　　　　　　　　など ⇒永野さんの事例を結びつけて考えさせる。 ⑨あらためてＡさんの判断はどうだったのかを考える。	・湯浅さんの思い：すべての医療従事者にこの病気を知ってもらうこと。 ・永野明美さんのご両親の思い：「かぜ薬でも死に至ることを社会に知って欲しい。娘の死を社会の経験にしたい。」 ＊悲しく、つらい、で終わりにせず、患者の方々の働きかけで、説明書が変更し、安全に使える工夫がされるようになっていることに気付かせたい。 ＊説明書を読むことの大切さに気付かせたい。 ＊薬剤師に説明を求めることにも気付かせたい。
まとめ（5分）	
⑩今日の感想をノートにまとめる。	＊特に何も指示をせず、自由に感じたことをまとめさせる。

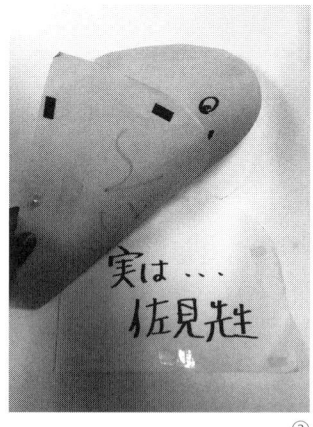

おわりに

　この実践を終え、生徒から次のような感想があった。「永野さんの死を無駄にしたくないと思った。SJSは怖いが、説明書を読んだりして、注意すれば防げると思う。このことは、家族にも伝えたいと思った」。このように、自分のこととして考え、どうしたらよいかをまとめたものもあれば、一部では、次のような感想もあった。

　「とても怖いので、これからは市販のかぜ薬は使いたくないと思った」。

　「私は、もともと市販のかぜ薬は使ったことがないので、あまり関係ないと思ったが気をつけていきたい」。

　怖いと感じたことで、必要な場面が生じた治療薬をもすべて避けようと考えてしまっては困る。また、市販薬を使っていないので関係ないとまとめた生徒については、この授業で自分にもおこる可能性があることを十分に実感させられなかったことが予想される。

　このように、授業を実践した後には、授業内容を正確に評価するために、ポジティブな感想だけでなく、ネガティブな感想をこそよく吟味し、その後の授業の改善に役立てていきたい。

引用・参考文献

渡邉正樹『新版 健康教育ナビゲーター』大修館書店、2008年
木村堅一、深田博己「エイズ患者・HIV感染者に対する偏見に及ぼす恐怖
　　──脅威アピールのネガティブな効果」『広島大学教育学部紀要』第一部（心理学）第44号、1995年

終 章

体育授業づくりの今後へ向けて

はじめに

　現在、小学校で行われているボールゲームを取り上げた授業では、攻撃側が3人に対して防御側が2人でゲームをするといったような、いわゆる「アウトナンバーゲーム」が大流行である。以前からこういった活動は、防御側にマークされていないフリーのプレーヤーをめぐる練習方法としてはあったが、最近のそれは、練習ではなくて最後までその関係でゲームを行い、勝敗を競い合わせているところに明確な違いが見出される。

　かかる動向は、2008年に改訂された現行の小学校学習指導要領に、できるようにする技能として「ボールを持たないときの動き」が登場し、さらには、それを習得するために用いられるべきとされた「簡易化されたゲーム」が、「ルールや形式が一般化されたゲームを児童の発達の段階を踏まえ、プレーヤーの数、コートの広さ（奥行や横幅）、プレー上の制限（緩和）、ボールその他の運動用具や設備など、ゲームのルールや様式を修正し、学習課題を追及しやすいように工夫したゲーム」とされ、特に、指導

要領がいうゴール型では、「攻撃側プレーヤー数が守備側プレーヤー数を上回る状態をつくり出したり守備側のプレーを制限したりすることにより、攻撃しやすく、また得点が入りやすくなるような」ゲームと、指導要領解説に示されたこと［文部科学省 2008: 51-73］と明らかに関係している。

　というのも、アウトナンバーゲームを取り入れている授業は専ら、バスケットボール、サッカー、ハンドボール、タグラグビーなど、指導要領上はゴール型に分類されている種目に集中しているし、それらの授業の学習指導案を読むと、どの指導案でも「ボールを持たないときの動き」を学習させたいから3対2や4対3というようなゲームをすることにしたと書かれているからである。

　つまり、このアウトナンバーゲームへの取り組みは、ボールゲームでは1人がボールを持つ時間は非常に短いのに、「これまでのボールゲームの授業ではボールを持った時にどうするかばかりを教えてきてしまった」とか、「多くの時間はボールを持っていないのだから、ゲームを楽しむ上でボールを持たない時に何をするかを学ぶことも大切だ」といった、教師自身の内から発した問題意識によるものではないのである。

第1節　指導要領が活発化させる「研究」

　このように、指導要領の改訂は間違いなく教育現場を刺激し、改訂のポイントに関連する面の「研究」を活発化させる。ボールゲームと並んで今、全国の小学校で研究授業が行われている領域は「体つくり運動」であり、これは、今次の改訂でそれまで高学年のみ学習してきたこの領域が低学年から必修化されたからであり、また、中学校の研究授業の多くが「武道」と「ダンス」に集中しているのは、改訂によってこの2つの領域が必修化されたからであるのはいうまでもないことであろう。

　しかしながら、それに取り組む教師自身がその必要性を自ら認識して取り組んでいるわけではない「研究」、言い換えれば、指導要領の改訂とい

う外側からの力に対するリアクションとして取り組まれる「研究」には自ずと限界がある。そのような取り組みは研究的に深められていくよりも、どうしても改訂のポイントをいかに授業として具体化するかに傾斜しがちになり、いきおい、手っ取り早く新しい授業をどうやったらよいかを示したマニュアルの類を求める少なくない教師たちを生み出してゆくからである。

現に、指導要領の解説をさらに詳しく説明した資料が運動の領域ごとに出されている現在では、そこに掲載されている多様な動きの例を順番にやらせているだけの「体つくり運動」の授業をみることは決して珍しいことではないし、同様に、目の前の子どもたちの状況を十分に検討することなく、指導要領の解説に示されたアウトナンバーゲームをさせているボールゲームの授業をみることも日常茶飯のこととなっているのである。

第2節　何のために研究をするのか

そういったボールゲームの授業では、子どもたちは本来イコールコンディションで行うはずのスポーツとは異なったものを学習する（させられる）ことになる。裏返していえばそのことは、本来はイーブンナンバー（同じ人数）でやっているのに、何かを工夫することによってある場面でアウトナンバー（数的優位）状態をつくり出して得点することにつながる作戦を考える必要性を消滅させてしまうばかりか、始めから設定されているノーマークのプレーヤーにパスすることが正解だと教師に教えられ、その指示に対してその通りに反応することがボールゲームの学習に置き換えられてしまうような授業を、そこかしこで生み出しているのである。

このような、スポーツを楽しむまさに主体者である子どもから学習の意味を考えるという姿勢を欠落させた学習指導要領の絶対視は、エスカレートすると次のような状況にまで行き着いてしまうことさえある。ある小学校で行われたハンドボールの研究授業の協議会のまとめで、指導助言者は

次のように発言した。「指導案にハンドボールと書いてありますが、ハンドボールをもとにした簡易化されたゲームでなければなりません。簡易化されたゲームとは、数的優位や守備側のプレーが制限されているゲームですが、本日の授業はイーブンナンバーでやっていたので再考が求められます」。果たしてこれは、この日の授業をよりよいものにしていく助言になったのだろうか。

実際、この日のゲームでは、運動能力が高い男の子のワンマンプレーが繰り返されているという状況がみられていた。したがって、授業者を含めその日の参会者たちの議論の焦点の1つは、この子のワンマンプレーをどのようになくしていくかにあったのだが、そういった授業の現実をまったく考慮しないで、指導助言者がいう攻撃側の数的優位をもし導入すれば、問題のワンマンプレーはさらにエスカレートすることは容易に予測されるのである。

もはやこれでは、研究授業やその後の協議会は不要である。子どもの現実を捉え、そこから授業の在り方を考えるのではなくて、学習指導要領がいう文言をただ授業の場で遂行することが授業の目的と化しているからである。だが、私たちが様々なことを考え、体育の授業づくりに取り組むのは、決してそのようなことが目的ではなかったはずである。

おわりに

同様の問題は、ボールゲームの授業づくりだけではなく、すでに言及した「体つくり運動」をはじめ、体育授業の全般にわたって広くみられるように思われる。これらの授業に共通するのは、学習者にとって運動がもつ意味を問うという作業を含む、多様な視点から体育の授業づくりを教師自らが考えるということを半ば放棄し、具体的で授業者にとってわかりやすく、とりあえず明日の授業を何とかやりきる指導の方法をマニュアルとして手に入れて、それを消費することをもって授業としてしまう教師の姿である。

本書には、こういった現在の体育の授業づくりにみられる問題状況に対する異議申し立てというメッセージが込められている。実践編の各章のタイトルを「……の授業を考える」としたのは、それぞれの章で述べられている内容を参考にしながらも、読み手は読み手なりにその領域の授業づくりを考えてほしいという呼びかけでもある。各章の執筆者の視点や主張は必ずしも厳密な意味で統一されてはいないが、それはまさに、それぞれが研究してきた立場から自由に授業づくりを考えているからである。

　戦後70年の我が国の教育を振り返るテレビ番組の中で、「試案」とされた初めての学習指導要領の作成に関わった元文部省官僚はそれについて、「拘束力をもつんじゃなくて自由に使っていく。教師がそこで考えるためのものだった。それで試案と書いた。まだ作り始めで試みだから試案だっていうんじゃない」と語っていた。そしてその証言に続く映像は、当時の学習指導要領に書かれていた次のような文言を追う。「これまでの教育では、その内容を中央で決めるとそれをどんなところでもどんな児童にも一様にあてはめていこうとした。型の通りにやるのなら、教師は機械にすぎない」[NHKEテレ 2016]。

　70年近く前に書かれたこの言葉を、私たちは改めて今、噛み締めてみる必要はないだろうか。教師は決して機械ではないし、そして授業は機械にはつくれないのだから。

引用・参考文献

文部科学省『小学校学習指導要領解説体育編』東洋館出版社、2008年
NHKEテレ「"知識"か"考える力"か」『戦後史証言プロジェクト——日本人は何をめざしてきたのか』（第5回「教育」）2016年1月9日放映

■■ 編著者紹介 ■■

松田恵示（まつだ・けいじ）　　　　　　　　　　　　　　　●序章、第1章

1961（昭和37）年和歌山県生まれ。1988年大阪教育大学大学院教育学研究科修士課程修了。大阪教育大学附属池田中学校、大手前女子大学文学部、岡山大学教育学部勤務を経て、現在、東京学芸大学教授。
主な著書に、『子ども問題事典』（共編著、ハーベスト社、2013年）、『「教育支援人材」育成ハンドブック』（編著、書肆クラルテ、2010年）、『体育科教育学の現在』（共編著、創文企画、2011年）ほか多数。

鈴木秀人（すずき・ひでと）　　　　　　　　　　　　　　　●第9章、終章

1961（昭和36）年東京都生まれ。1988年東京学芸大学大学院教育学研究科修士課程修了、東京都の公立小学校、鹿児島大学教育学部勤務を経て、現在、東京学芸大学教育学部教授。日本体育学会奨励賞受賞（1996年）。
主な著書に、『小学校の体育授業づくり入門』（編著、学文社、2011年）『だれでもできるタグラグビー』（編著、小学館、2009年）、『変貌する英国パブリック・スクール』（世界思想社、2002年）ほか多数。

■■ 執筆者紹介 ■■

射手矢岬（いてや・みさき）　　　　　　　　　　　　　　　●第10章

　　東京学芸大学教授

佐藤善人（さとう・よしひと）　　　　　　　　　　　　　　●第2章

　　岐阜聖徳学園大学准教授

佐見由紀子（さみ・ゆきこ）　　　　　　　　　　　　　　　●第13章

　　東京学芸大学講師

島田左一郎（しまだ・さいちろう）————————————●第11章
　　前文化学園長野専門学校教授

杉山哲司（すぎやま・てつじ）————————————●第6章
　　日本女子大学准教授

鈴木聡（すずき・さとし）——————————————●第3章
　　東京学芸大学准教授

鈴木直樹（すずき・なおき）————————————●第4章
　　東京学芸大学准教授

原祐一（はら・ゆういち）—————————————●第8章
　　岡山大学講師

松本大輔（まつもと・だいすけ）——————————●第5章第2節
　　西九州大学准教授

水島宏一（みずしま・こういち）——————————●第7章
　　東京学芸大学准教授

山本理人（やまもと・りひと）———————————●第12章
　　北海道教育大学岩見沢校教授

吉田伊津美（よしだ・いづみ）——————————●第5章第1節
　　東京学芸大学准教授

（五十音順／敬称略／●は執筆担当箇所）　※現職所属は執筆時

■ 監修者紹介 ■

橋本美保（はしもと・みほ）

1963年生まれ。1990年広島大学大学院教育学研究科博士課程後期中途退学。現在、東京学芸大学教育学部教授、博士（教育学）。専門は教育史、カリキュラム。主な著書に、『明治初期におけるアメリカ教育情報受容の研究』（風間書房、1998年）、『教育から見る日本の社会と歴史』（共著、八千代出版、2008年）、『プロジェクト活動――知と生を結ぶ学び』（共著、東京大学出版会、2012年）、『新しい時代の教育方法』（共著、有斐閣、2012年）、『教育の理念・歴史』（新・教職課程シリーズ、共編著、一藝社、2013年）、ほか多数。一藝社「新・教職課程シリーズ」（全10巻、既刊）を監修。

田中智志（たなか・さとし）

1958年生まれ。1990年早稲田大学大学院文学研究科博士後期課程満期退学。現在、東京大学大学院教育学研究科教授、博士（教育学）。専門は教育思想史、教育臨床学。主な著書に、『キーワード現代の教育学』（共編著、東京大学出版会、2009年）、『社会性概念の構築――アメリカ進歩主義教育の概念史』（単著、東信堂、2009年）、『学びを支える活動へ――存在論の深みから』（編著、東信堂、2010年）、『プロジェクト活動――知と生を結ぶ学び』（共著、東京大学出版会、2012年）、『教育臨床学――「生きる」を学ぶ』（単著、高陵社書店、2012年）『教育の理念・歴史』（新・教職課程シリーズ、共編著、一藝社、2013年）、ほか多数。一藝社「新・教職課程シリーズ」（全10巻、既刊）を監修。

教科教育学シリーズ⑥

体育科教育

2016年3月1日　初版第1刷発行

監修者　橋本美保／田中智志
編著者　松田恵示／鈴木秀人
発行者　菊池公男
発行所　一藝社

〒160-0014　東京都新宿区内藤町1-6
Tel. 03-5312-8890　Fax.03-5312-8895
http://www.ichigeisha.co.jp　info@ichigeisha.co.jp
振替　東京00180-5-350802

印刷・製本　シナノ書籍印刷株式会社
ISBN 978-4-86359-084-7 C3037

©2016 Hashimoto Miho, Tanaka Satoshi, Printed in Japan.

定価はカバーに表示されています。落丁・乱丁本はお取り替えいたします。

本書の内容の一部または全部を無断で複写（コピー）することは、
法律で認められた場合を除き著作者及び出版社の権利の侵害になります。

一藝社の本

教科教育学シリーズ ［全10巻］
橋本美保・田中智志◆監修
《最新の成果・知見が盛り込まれた、待望の「教科教育」シリーズ！》

※各巻平均210頁

01　国語科教育
千田洋幸・中村和弘◆編著
A5判　並製　定価（本体2,200円＋税）　ISBN 978-4-86359-079-3

02　社会科教育
大澤克美◆編著
A5判　並製　定価（本体2,200円＋税）　ISBN 978-4-86359-080-9

03　算数・数学科教育
藤井斉亮◆編著
A5判　並製　定価（本体2,200円＋税）　ISBN 978-4-86359-081-6

04　理科教育
三石初雄◆編著
A5判　並製　定価（本体2,200円＋税）　ISBN 978-4-86359-082-3

05　音楽科教育
加藤富美子◆編著
A5判　並製　定価（本体2,200円＋税）　ISBN 978-4-86359-083-0

06　体育科教育
松田恵示・鈴木秀人◆編著
A5判　並製　定価（本体2,200円＋税）　ISBN 978-4-86359-084-7

07　家庭科教育
大竹美登利◆編著
A5判　並製　定価（本体2,200円＋税）　ISBN 978-4-86359-085-4

08　図工・美術科教育
増田金吾◆編著
A5判　並製　定価（本体2,200円＋税）　ISBN 978-4-86359-086-1

09　英語科教育
馬場哲生◆編著
A5判　並製　定価（本体2,200円＋税）　ISBN 978-4-86359-087-8

10　技術科教育
坂口謙一◆編著
A5判　並製　定価（本体2,200円＋税）　ISBN 978-4-86359-088-5

ご注文は最寄りの書店または小社営業部まで。小社ホームページからもご注文いただけます。